Monika Schwarz-Friesel **Judenhass im Internet**

Monika Schwarz-Friesel

Judenhass im Internet

Antisemitismus als kulturelle Konstante und kollektives Gefühl

HENTRICH & HENTRICH

Inhaltsverzeichnis

Warum Antisemitismusbekämpfung die Antisemitismusforschung braucht   9
Das gefühlte Unbehagen und die reale Bedrohungslage   14

1. Die Vermessung des Hasses: Wie man Einblick in antisemitische Einstellungen erhält   19

   Den Hass erfassen, darstellen und erklären: Empirische Antisemitismusforschung   20

   Datenmaterial und Korpusstudie   22

   Zur Relevanz natürlicher Daten: Sprache als Fenster in den Geist   22

   Web-Daten, Crawler, Subkorpora: Pilotstudie zu Antisemitismen im Web 2.0   23

   Juden(tum), Israel, Nahostkonflikt: Themenschwerpunkte und Struktur der Stichproben   25

   Kodierleitfaden und Kodierprozesse: Wie man Texte klassifiziert   26

   Vergleichende Analyse von historischen und aktuellen Texten: Judenhass gestern und heute im Spiegel der Sprache   28

2. Judenfeindschaft als kulturelle Konstante: Das Chamäleon Antisemitismus zwischen Kontinuität und Wandel   30

   Judenhass: Krake, Hydra, Chamäleon   30

   Was ist Antisemitismus? Natürlich gibt es eine international anerkannte Definition!   31

   Judenhass als kulturelle Kategorie im kollektiven Gedächtnis   33

   Judenhass im Wandel der Geschichte: die dunkle Seite des Abendlandes   34

   Es gibt nichts „Sekundäres" beim Hass auf Juden: Ein sprachkritischer Exkurs zu falschen Begrifflichkeiten   39

   Formen des aktuellen Antisemitismus: Trotz Variationen immer die gleiche Feindschaft   41

   Ungebrochen: Die Resistenz des klassischen Konzeptes ‚Juden als das Übel in der Welt'   42

3. Multiplikator und Katalysator Internet: Antisemitismus im digitalen Zeitalter   43

   Das Internet als fünfte Gewalt: Virtuelle und reale Welt in einem Universum   43

   Internetkommunikation ohne Mäßigung: Hasssprache, Körperlosigkeit und unbekannte Dritte   44

   Zugänglichkeit, Verbreitung und Normalisierung von Judenhass in den Sozialen Medien   45

   Hass via Internet: Zur Omnipräsenz von Antisemitismen im Web 2.0   46

   Das Web 2.0 als kontrollresistenter und affektgesteuerter Kommunikationsraum   48

   Tatort Sprache: Unterschwellige Botschaften und Gewöhnungseffekte   49

   „Für gerechten Frieden": Camouflage und Versteckspiele, um inhaltliche Radikalität formal zu vertuschen   52

4. Judenfeindschaft und der lange Atem der Geschichte: Ergebnisse der Korpusanalysen — 54

Zur Zunahme von Antisemitismen im Web 2.0 in den Online-Pressekommentaren — 54

Judenhass im Reload: Qualitative und quantitative Korpusanalysen zu Themenfeldern und Diskursbereichen — 57

    Die Symbiose von klassischem und israelbezogenem Antisemitismus: Das Korpus Gaza-2014 — 57

    Gelöschte und veröffentlichte Kommentare: Korpus meta-Tagesschau-Gaza-2014 — 59

    Klassische Judenfeindschaft und Juden als „rückständige Kindesmisshandler": Das Korpus zur Beschneidungsdebatte 2012 — 61

    ‚Deutsche Juden als Störenfriede': Kommentare zur Schuster-Rede 2015 — 65

    Korpus Solidaritätsaktionen und Gegen-Narrativ: „Nie wieder Judenhass", „Berlin trägt Kippa" und „Demo zum Aufruf gegen Antisemitismus" — 68

    Vulgaritäten und Verschwörungsphantasien: Das Kollegah-2017-Korpus — 70

    Muslimischer und islamischer Antisemitismus: Dominanz von klassischem Judenhass und religiöser Verankerung — 72

    Verteilung der antisemitischen Stereotype in den großen Korpora — 76

    Judeophobe Stereotype komprimiert reaktiviert: Das Twitter-Korpus — 77

5. Israelbezogener Antisemitismus und globaler Vernichtungswille — 80

„Warum die schwarze Antwort des Hasses auf dein Dasein, Israel?" (Nelly Sachs) — 81

Israel als Stachel im Geist: Wo alle Antisemiten sich treffen — 82

Konzeptualisierung EWIGER JUDE und JUDEN ALS FEINDE DER MENSCHHEIT — 83

Das Echo der Vergangenheit: Zur Monotonie von Antisemitismen — 85

Kontinuität und Uniformität der Sprachgebrauchsmuster: Rechts, Links, Muslimisch, Mitte — 87

Keine Grauzonen: Zur Abgrenzung von israelbezogenem Antisemitismus und Kritik — 89

6. „Mit einem Klick": Die Zugänglichkeit von Antisemitismen im Web 2.0 — 93

Indoktrination statt Information: Ratgeber-Portale — 94

Antisemitismen in Recherche- und Suchportalen: Der ganz normale Wahnsinn — 97

Infiltrationen der Sozialen Medien durch Antisemitismen — 98

Antisemitismen in Freizeit- und Unterhaltungsdiskursen (Bsp. Fanforen und Rap-Songs) — 98

YouTube-Videos und Kommentare: Vernichtungsphantasien — 101

Verknüpfung, Multimodalität und globale Verlinkung — 102

Radikalisierung und semantische Intensivierung der Antisemitismen — 104

NS-Vergleiche im Web- und im E-Mail-Korpus: ein Textsortenvergleich — 107

NS-Zeit und Holocaust als Bezugsgrößen im Web 2.0 — 108

INHALTSVERZEICHNIS

7. Judenhass als kollektiver Gefühlswert — 109

Antisemitismus als kulturelle Geistes-Krankheit und kollektiver Wahn-Sinn: Wie Antisemiten denken und fühlen — 109

Jude als Schimpfwort — 110

Affektiver und rationaler Hass: Antisemiten, die aufrichtig hassen und Antisemiten, die versteckt hassen — 112

„Alles Jüdische ist ohne Ausnahme böse" und Adaptionszwang: Pinkwashing als Fallbeispiel — 117

Erinnerungsabwehr und Mangel an Empathie: Dissoziationen im Gefühlshaushalt — 120

Hasssprache und Gefühlsbekundungen: Kaum Unterschiede in Bezug auf deutsche Juden oder Israelis — 121

Strukturidentische Affektmobilisierung bei Linken, Rechten und Muslimen — 122

Affektlogik: Das Hamsterrad von Antisemiten und Eyes wide shut — 127

Realitätsverlust und Faktenresistenz — 129

8. „Ich bin sicher kein Antisemit!" Leugnung, Bagatellisierung und Umdeutung als Muster der antisemitischen Argumentation — 130

Post-Holocaust-Bewusstsein und das Bedürfnis der Antisemitismusabwehr — 130

Das imaginierte Kritiktabu: Zur angeblichen Gleichsetzung der Sprachhandlungen „Kritik an Israel" und „Verbal-Antisemitismus" — 135

„Kritik und Antisemitismus lassen sich nicht abgrenzen" — 136

Prä- und Post-Holocaust-Bewusstsein: Dissoziationen — 137

Je nach Diskursthema variiert die Verteilung der Strategien — 138

9. Fazit: Die Büchse der digitalen Pandora ist weit geöffnet — 140

10. Wissenschaftlicher Faktencheck: Tatsachen versus Meinungen — 142

Was ist jetzt zu tun? Zurück und in die Zukunft — 152

Danksagung — 157

Anhang — 158

Literaturverzeichnis — 161

Warum Antisemitismusbekämpfung die Antisemitismusforschung braucht

Das Web 2.0: Tagtäglich werden antisemitische Texte, Bilder, Audios und Videos über den Kommunikationsraum verbreitet. Oft sind die Äußerungen von so unbeschreiblicher Grausamkeit, dass es selbst einer erfahrenen Antisemitismusforscherin den Atem stocken lässt. Angesichts der Drohungen, Beschimpfungen, Verwünschungen fällt es trotz jahrelanger Beschäftigung mit diesem Phänomen manchmal schwer, durchgehend die analytische Distanz der Wissenschaft, die rationale und intersubjektive Vogelperspektive der Forschung beizubehalten. Die Grenzen des Sagbaren sind längst überschritten. Wir begegnen im Internet einer Art affektivem Wüten gegenüber Juden, von geistiger Barbarei, die man nach den Gräueln der Shoah nie wieder sehen oder hören wollte bzw. hoffte, sehen zu müssen. Hass wohin man blickt, Hass von einer Intensität und mit einer Gewalttätigkeit verbunden, einem Vernichtungswillen, der nach dem Zivilisationsbruch von Auschwitz und den Jahren der Aufklärung so nicht mehr möglich schien.

Doch das Ressentiment gegen Juden war nach 1945 nicht verschwunden, nur verdeckt, es artikulierte sich verdruckst, implizit, in Chiffren und Andeutungen. Heute tritt der Judenhass wieder offen und selbstbewusst auf, greift zurück auf seine alten Wurzeln, seine Jahrhunderte alte Nahrung: die im kulturellen Gedächtnis gespeicherten Stereotype und Phantasmen, die im kollektiven Bewusstsein verankerten Gefühle.

Hier zeigt sich ein tiefer, lange gepflegter, nie wirklich und nachhaltig aufgearbeiteter Hass, der im „Reload" ausbricht, sich seinen Weg online bahnt in einem Ausmaß, das es in der Geschichte nie zuvor gab, da erst die technischen Möglichkeiten des digitalen Zeitalters diese schnelle, globale und breite Vermittlung judenfeindlichen Gedankenguts ermöglicht hat. Das Internet, mittlerweile flächendeckend das wichtigste Kommunikationsmedium, der am häufigsten genutzte Kommunikationsraum in unserer modernen Gesellschaft, verbreitet täglich und mittlerweile in seiner Radikalität alltäglich den alten Judenhass, als hätte es nie eine Aufklärungs- und

Erinnerungskultur nach Auschwitz gegeben. Judenfeindschaft ist die Schattenseite des viel gepriesenen Abendlandes, seine schwarze und tödliche Obsession.

Die ungefilterte und nahezu grenzenlose Verbreitung von judenfeindlichem Gedankengut hat in seiner Radikalität in fast allen Bereichen, auch auf themenfremden Ratgeberseiten oder Diskussionsforen sowie Unterhaltungsseiten, ein einmaliges Ausmaß erreicht. Das Netz macht den Hass mit Wucht sichtbar und hörbar, und ist natürlich nicht von der realen Welt zu trennen. Längst bilden virtuelle Welt des Internets und reale Welt des Alltagslebens eine Symbiose. So ist auch die Netzkultur des judeophoben Hasses keineswegs als eine digitale Ecke oder eine spezifische Sonderform zu bagatellisieren. Das Web 2.0 ist Teil der normalen Lebenswelt, ist integraler Teil der Gesellschaft. Die „Sozialen Medien" sind sozial, weil jeder sich beteiligen kann, weil hierdurch eine aktive Partizipation und Meinungsfreiheit gegeben ist, die alle Bereiche und alle Mitglieder der Gesellschaft umfasst, unabhängig von Alter, Geschlecht, Bildung, ökonomischer, politischer oder ideologischer Stellung. Und so darf man die Netzkommunikation nicht als eine losgelöste Sphäre der besonderen Art sehen. Sie ist längst ein wichtiges Spiegelbild der Gedanken und Gefühle unserer gesamten Gesellschaft. Was sich im Web 2.0 explosionsartig als viraler Hass zeigt und ausbreitet, wird zwar durch die spezifischen Informationsverarbeitungsprozesse intensiviert, ist jedoch keineswegs nur ein digitales Phänomen: Das Internet beflügelt und multipliziert ihn, aber es erzeugt ihn nicht. Der Hass sitzt bereits lange in den Köpfen der User, wenn diese ihn posten und verteilen. Es wäre also grundfalsch und fatal, den Hass 2.0 von der realen Alltagswelt abzukoppeln, denn er ist mitten in ihr. Es vergeht mittlerweile kaum ein Tag, an dem nicht ein antisemitischer Vorfall gemeldet wird. Judenhass hat wieder ein furchterregendes Ausmaß angenommen. Neben der ausufernden verbalen Gewalt im Netz und auf den Straßen konstatieren wir das Mobbing von jüdischen Kindern an Schulen, die Verwüstung und Schändung jüdischer Einrichtungen, physische Attacken. Die Palette antisemitischer Delikte ist breit und hoch brisant. Juden fühlen sich erneut besorgt und ängstlich. Neueste Umfragen zeigen, wie sehr sich ein „neues Unbehagen" (so auch der Titel eines aktuellen Sammelbandes zum Thema) in den jüdischen Gemeinden nicht nur in Deutschland, sondern weltweit breitgemacht hat.

Da die Internetkommunikation immer wichtiger wird und sich die Menschen ständig in beiden Welten bewegen, ist das eine vom anderen nicht zu trennen. Zuletzt hat 2018 der antisemitische Mordanschlag in Pittsburgh auf eine Synagoge den engen Zusammenhang von geistiger und physischer Gewalt offenbart. Der Täter hatte sich vor seiner Bluttat im Internet radikal und offen durch die Artikulation von Judenhass als ein geistiger Täter erklärt. Gewalt beginnt nicht auf der Straße durch die Verwendung von Waffen. Sie beginnt im Kopf mit einer feindseligen, aggressiven und gewaltbereiten Einstellung. Diese Einstellungen werden transparent über die Hasssprache, die benutzt wird. Über die natürlich und unaufgefordert produzierten Äußerungen erhalten wir Auskunft über die konzeptuelle Basis des Hasses, gewinnen Einblick in die kognitiven und emotionalen Ansichten. Nur so kann man erklären, welche Phantasmen über Juden weiterhin geglaubt werden, auf welchen stereotypen Einbildungen sie basieren, nur so kann analysiert und dekonstruiert werden, was antisemitisch an bestimmten Texten und Bildern ist. Und schließlich ist auch das moderne Phänomen der Antisemitismusleugnung und -bagatellisierung als eine Abwehrstrategie des judenfeindlichen Diskurses zu erörtern.

Nun mögen manche Leser beim Griff zu diesem Buch denken ‚Schon wieder Antisemitismus, noch immer Antisemitismus, erneut eine Studie zum Antisemitismus'. Es gab in den letzten Monaten unzählige Workshops, Konferenzen, Berichte, Interviews, Podiumsveranstaltungen, Sendungen und Kommentare sowie Publikationen. Aber so wichtig und notwendig die flächendeckende Sensibilisierung und das Problembewusstsein für das Thema in der Öffentlichkeit ist, so muss dies mit Sachverstand und ausgewiesener Expertise geschehen, was leider nicht immer der Fall ist. Kaum ein Phänomen wird in der Öffentlichkeit so emotional, so kontrovers und zugleich so ignorant oder naiv diskutiert wie der aktuelle Antisemitismus. Neben den Floskeln wie „Wehret den Anfängen" (obgleich wir weit über die Anfänge hinaus sind) oder „Mit aller Härte und Entschlossenheit" (die jedoch seit Jahren immer wieder vermisst wird) hat sich eine eigene Subkultur der massiv und virulent auftretenden Leugnung und Marginalisierung etabliert, die aktuellen Judenhass nicht sieht („Es gibt keinen muslimischen Antisemitismus") oder bagatellisiert („Judenfeindschaft ist ein Randphänomen und kommt vor allem von Rechtsradikalen und Rechtspopulisten") oder dessen Bekämpfung in die Zukunft verschiebt („Wir wissen noch zu wenig über aktuellen Antisemitismus") – dies obgleich wir in der Forschung genau wissen, wie, wo und von wem mit welchen Argumenten antisemitisches Gedankengut verbreitet wird. Antisemitismusleugnung und -umdeutung („Das ist nur Kritik") gehören heute untrennbar zum Antisemitismus und müssen genauso energisch bekämpft werden wie der Judenhass selbst. Bekämpfung und Gegenstrategien ähneln einer Therapie. Eine Therapie bedarf aber einer guten und richtigen Diagnose. Diese basiert auf Beobachtungen, Datenanalysen und Erkenntnissen aus Forschung und Wissenschaft.

Dass Antisemitismen hör- und sehbarer geworden sind, dass Judenfeindschaft lauter und aggressiver auftritt: Dies ist eine in diesen Tagen in den Medien viel reproduzierte Erkenntnis der empirischen Antisemitismusforschung, die allerdings bereits – weitgehend ungehört – seit zehn Jahren vor Ausbreitung und Normalisierung des modernen Judenhasses warnt.

„Judenfeindliche Ressentiments [...] sind kein Randgruppenphänomen. In den letzten Jahren ist die Hemmschwelle, antisemitische Inhalte öffentlich zu äußern, auch in der Mitte der Gesellschaft gesunken. Israel dient dabei besonders häufig als Projektionsfläche der Judenfeindschaft. Im öffentlichen und medialen Diskurs trifft insbesondere der Verbal-Antisemitismus immer stärker auf ein hohes Maß an Akzeptanz bzw. Gleichgültigkeit. Während der Antisemitismus extremistischer Gruppen sanktioniert wird, stoßen auf Israel bezogene antisemitische Manifestationsformen [...] kaum auf energischen Widerspruch. [...]" (publiziert im wissenschaftlichen Band „Aktueller Antisemitismus", 2010)

Weil die Stimmen aus der Forschung seinerzeit nicht genügend beachtet wurden, ist der israelbezogene Judenhass heute die primäre Manifestationsform und fast schon Normalität, da ausgerechnet dieser weit verbreiteten Form des Antisemitismus immer noch am wenigsten entgegengesetzt wird.

Was derzeit in zahlreichen Interviews gebetsmühlenartig und mit Leerformeln als „neu", „erschreckend" und besorgniserregend" verkündet wird, dass Antisemitismen offener und radikaler seien, dass sie „salonfähig seien", dies ist – wie der Text aus dem Jahr 2010 belegt – gar nicht neu und überraschend für die empirische Antisemitismusforschung, die seit Langem erschreckende Forschungsergebnisse in die Öffentlichkeit trägt, allerdings ohne viel Resonanz. „Der Antisemitismus hat die Mitte erreicht": Wie oft hat Judenhass (der stets aus der gebildeten Mitte kam, bevor er auf der Straße tobte) nun schon diesem historisch falschen Plattitüdensatz nach die Mitte „erreicht". Wie oft haben Historiker und Antisemitismusforscher schon darauf hingewiesen, dass der Bodensatz der Judenfeindschaft tief im abendländischen Allgemein- und Kulturgut verwurzelt ist.

Im digitalen Zeitalter mit seinen Fake News, Hate Speech, Echokammern, Populismen, demagogischen Pseudorationalitäten und affektiven Verschwörungsphantasien, die zu Verunsicherung und Verwirrung bei Menschen führen, sind die an faktenbasierten Welt-und-Wahrheits-Werten sowie rationaler Argumentation orientierten Wissenschaften wichtiger denn je. Der subjektiven Unverbindlichkeit einer nur gefühlten Wahrheit, der affektiven Brutalität und totalitären Geschlossenheit ideologischer Weltbilder kann einzig eine wirkungsvolle, breit akzeptierte Opposition begegnen, die auf den Grundsätzen von Aufklärung und Demokratieverständnis einerseits, auf der Autorität des Wissens und der analytisch scharfen Wahrheitssuche andererseits basiert. Es ist die Aufgabe der Wissenschaft, den bloß subjektiven Meinungen intersubjektive Aussagen gegenüberzustellen, den Halb- und Unwahrheiten unabhängige Evidenz, den vagen Vermutungen präzise Analysen, den unausgegorenen Mutmaßungen datenbasierte Erklärungen. Im Zeitalter der alternativen Fakten ist es wichtiger denn je, dass Grundlagenforschung, empirische Detailstudien und wissenschaftliche Expertise in das verwirrende Wirrwarr klare Wahrheiten, in die Ignoranz Kompetenz und Kenntnis einbringt. Auch wenn die Antisemitismusforschung allzu oft nur die Rolle des Mahners in der Wüste einnimmt. Genau deshalb wird hiermit nun noch eine Studie zum Judenhass vorgelegt.

„Die fast unlösbare Aufgabe besteht darin, weder von der Macht der anderen, noch von der eigenen Ohnmacht sich dumm machen zu lassen." (Theodor W. Adorno, Minima Moralia)

Das gefühlte Unbehagen und die reale Bedrohungslage

„Die müssen alle vergast werden diese stinkenden Drecksjude"
[MA_YT_BMBH_S2] [1]

„der tag wird kommen da wir euch vernichten werden das ist keine Drohung sondern ein versprechen" [MA_YT_AK_ttt]

Weltweit nimmt die Artikulation und Verbreitung von Antisemitismen, insbesondere über das Web 2.0[2], seit Jahren stark zu. Diese Entwicklung in der virtuellen Welt korreliert in der realen Welt mit judenfeindlichen Übergriffen und Attacken, Drohungen und Beleidigungen sowie dem „neuen Unbehagen", d. h. Furcht und Sorge in den jüdischen Gemeinden Deutschlands und Europas.[3]

Dieser Eindruck sah sich bislang vor allem durch Einzelfälle dokumentiert und wurde deshalb in der Öffentlichkeit zum Teil bezweifelt oder als „subjektives Gefühl" in Frage gestellt, als „Alarmismus oder Hysterie" abgetan. Durch die empirischen Daten und Befunde, die in diesem Buch vorgelegt und erörtert werden, wird diese gefühlte Bedrohung aber auch wissenschaftlich bestätigt als reale Bedrohung.

Die Studie zeigt erstmals aufgrund einer großen Datenmenge über einen Zeitraum von mehreren Jahren, wie sich im Internet, insbesondere in den Sozialen Medien, Antisemitismus ausbreitet und auf welchen Denk- und

---

[1] Alle Beispiele werden authentisch zitiert, d. h. mit allen Tipp- und Schreibfehlern.

[2] Der Terminus Web 2.0 wird seit 2004 benutzt, um auf die neuen Qualitäten des Internets, v. a. des World Wide Web, hinzuweisen, die sich daraus ergaben, dass die Nutzer nicht mehr nur Informationen rezipieren, sondern sich aktiv als Teilnehmer und Gestalter einbringen. 2.0 bezieht sich auf die Nummer von Softwareprodukten und zeigt die neue Version an. Die sozialen Medien mit ihren interaktiven Gestaltungsmöglichkeiten machen das Web 2.0 aus.

[3] S. hierzu die PEW-Studie 2015, sowie die Studie von Zick et al. 2017. Allein in Berlin haben sich die antisemitischen Delikte seit 2013 verdoppelt (s. Polizeistatistik). Auch die Recherche- und Informationsstelle Antisemitismus Berlin (RIAS) registriert einen Zuwachs antisemitischer Taten (s. Jahresbericht RIAS 2017). Von 2017 auf 2018 stieg die Zahl der antisemitischen Straftaten in Deutschland um 10%, in Frankreich um 74%.

Argumentationsmustern er basiert. Bislang lagen entweder nur Umfragen vor, die aufgrund ihrer künstlichen Datenerhebung keine Authentizität besitzen, oder einzelne Fallbeobachtungen sowie Interviews mit wenigen Personen, die weder repräsentativ noch aussagekräftig genug waren. Die vielen Einzelbeobachtungen sowie Erfahrungsberichte geben interessante Hinweise, sind jedoch nicht intersubjektiv durch Daten gesättigt.

Was ist typisch für den gesamten Kommunikationsbereich des Internets in Bezug auf die Manifestationen von Judenfeindschaft und die Prozesse, die diese tradieren? Die Fragen, die sich stellen, wenn man präzise und empirisch abgesicherte Auskunft erhalten will, wie Judenhass im Internet kommuniziert und verbreitet wird, sind die Folgenden:

In welchen Manifestationen tritt Antisemitismus im digitalen Zeitalter in Erscheinung und wie kann man diese wissenschaftlich so erfassen, dass man die typischen Merkmale und Prozesse erfasst? Wie, wo und von wem werden judenfeindliche Inhalte artikuliert und verbreitet? Welche Stereotype werden kodiert, welche Argumente benutzt? Welche Rolle spielen Emotionen und irrationale Affektlogik beim aktuellen Einstellungs- und Verbal-Antisemitismus? Inwiefern hat das Internet die Verbreitung und Intensivierung von Antisemitismen verändert? Wie lassen sich die modernen Ausprägungen des Online-Judenhasses insgesamt einordnen und erklären?

Über vier Jahre lang habe ich mit einem Team von Mitarbeitern diese Fragen im Rahmen der empirischen Antisemitismusforschung systematisch und datenreich untersucht. Die von der DFG geförderte Langzeitstudie zur Artikulation, Tradierung, Verbreitung und Manifestation von Judenhass im World Wide Web[4] hat dabei die Evidenz erbracht, dass die Verbreitung von judenfeindlichen Inhalten nicht nur exorbitant zugenommen, sondern sich auch zunehmend radikalisiert hat.

Durch die Spezifika der Internetkommunikation (aktive und wechselseitige Netzpartizipation, Schnelligkeit, freie Zugänglichkeit, Multimodalität, Anonymität, globale Verknüpfung) und die steigende Relevanz der Sozialen Medien als meinungsbildende Informationsquelle in der Gesamtgesell-

---

[4] Seit 2004 wird der Antisemitismus des 21. Jahrhunderts in Deutschland und Europa in diversen Forschungsprojekten empirisch untersucht. Siehe die jüngsten Forschungsprojekte an der TU Berlin (Institut für Sprache und Kommunikation): https://www.linguistik.tu-berlin.de/menue/forschung/forschungsprojekte/.
In diesem Buch werden vor allem die Ergebnisse der Untersuchung im Forschungsprojekt „Antisemitismen im World Wide Web" vorgestellt, das 2014 bis 2019 von der DFG gefördert wurde.

schaft hat die ungefilterte und fast grenzenlose Verbreitung judenfeindlichen Gedankengutes allein rein quantitativ ein Ausmaß erreicht, das es nie zuvor in der Geschichte gab. Die Digitalisierung der Informations- und Kommunikationstechnologie hat „Antisemitismus 2.0" online schnell, textsortenspezifisch diffus (d. h. in den unterschiedlichsten Textsorten wie Kommentaren, Artikeln, Blogeinträgen, Tweets, Facebook-Postings usw.) und multimodal (Text, Bild, Audio, Video) multiplizierbar gemacht.

Die wichtigsten Ergebnisse der Studie werden hier zunächst kurz vorgestellt, denn das Ausmaß und die Relevanz der Untersuchungsbefunde werden gerade in dieser komprimierten Form besonders schnell und eindrücklich deutlich. Zumal viele der Befunde mit einigen seit Jahren in der Öffentlichkeit verbreiteten Standardannahmen kollidieren bzw. diese als faktisch nicht korrekt widerlegen. In den folgenden Kapiteln werden diese dann ausführlicher erörtert und anhand repräsentativer Beispiele näher erläutert.

Jeden Tag werden Tausende neue Antisemitismen gepostet und ergänzen die seit Jahren im Netz gespeicherten und einsehbaren judenfeindlichen Texte, Bilder und Videos. Es gibt kaum noch einen Diskursbereich im Netz 2.0, in dem Nutzer nicht Gefahr laufen, auf antisemitische Texte zu stoßen, auch wenn sie nicht aktiv danach suchen. Judenfeindliche Inhalte gehören mittlerweile zur Webkultur. Das Web 2.0 ist heute der primäre Tradierungsort und Multiplikator für die Verbreitung von judenfeindlichen Inhalten: Mit oft nur einem Klick kommen User bei Such- und Informationsfindungsprozessen auf Seiten mit judenfeindlichen Texten und Bildern.

Antisemitismen haben im digitalen Zeitalter zugenommen: Im Zehn-Jahres-Vergleich hat sich etwa die Anzahl der antisemitischen Online-Kommentare zu Ausgaben der Mainstreampresse zwischen 2007 und 2018 vervierfacht. Dieser Anstieg geht einher mit qualitativer Radikalisierung und Intensivierung der Antisemitismen. Das Sag- und Sichtbarkeitsfeld für Antisemitismen hat sich daher im Web 2.0 exorbitant vergrößert.

Die klassische Judenfeindschaft ist nach wie vor die primäre Basis des aktuellen Judenhasses, im Netz wird die epochenübergreifende Reproduktion judeophober Stereotype und Verschwörungsphantasien in Tausenden von Texten täglich transparent. Über 50% aller Antisemitismen in den großen Datensammlungen weisen klassische Stereotype auf.

Auch die Texte des muslimischen Antisemitismus sind mit über 53% geprägt von Stereotypen der klassischen Judenfeindschaft und nicht primär von politischer Empörung gegenüber der Nahostpolitik und weisen mit über 20% mehr religiöse Verweise auf als alle anderen Typen.

Judeophobe Verschwörungsphantasien spielen in allen Diskursbereichen der sozialen Medien eine wichtige Rolle. Die Verknüpfung von Judenhass und Verschwörungsphantasie ist ein genuines Kennzeichen von Antisemitismus und so bei keiner anderen Form der Diskriminierung anzutreffen.

Israelbezogener Antisemitismus ist in allen Kommunikationsbereichen und auf allen Ebenen eine vorherrschende Ausprägungsvariante von Judenhass, wird jedoch geistig und emotional beeinflusst vom klassischen Judenhass. Mit einem Mittelwert von 33% in den großen Korpora sind israelbezogene Stereotype (Israel als Landräuber, als Unrechts-, Kolonial- oder Apartheidsstaat, als rassistisches Regime) kodiert. Die „Israelisierung der antisemitischen Semantik" zeigt sich auch in Themenfeldern, die in keiner Relation zum Nahostkonflikt stehen. Ein ausgeprägter Vernichtungswille in Bezug auf den jüdischen Staat, der die Dimension des eliminatorischen Antisemitismus weiterträgt, ist zu erkennen. Der auf Israel mittels klassischer Stereotype projizierte Judenhass führt also die Tradition der radikalen Judenfeindschaft fort und legitimiert zugleich diese Form des Antisemitismus – was aufgrund des Fehlens von effektiven Gegenmaßnahmen in Justiz und Politik sowie Zivilgesellschaft noch verstärkt wird.

Antisemitismen aller Produzenten weisen trotz unterschiedlicher politischer oder ideologischer Einstellungen eine große Uniformität und Homogenität in der Stereotypkodierung und Argumentation auf. Dies belegt den enormen Einfluss von im kollektiven Gedächtnis gespeicherten Stereotypen und Sprachgebrauchsmustern, die seit Jahrhunderten von Generation zu Generation weitergegeben werden. Diesen verbalen Antisemitismen kommt eine Schlüsselrolle bei der Tradierung judenfeindlicher Konzepte zu.

Zu konstatieren ist eine ausgeprägte emotionale Dimension: Der kollektive Gefühlswert des Hasses von Jahrhunderten bestimmt maßgeblich die Denk- und Gefühlsstrukturen von Antisemiten. Ihr Glaubenssystem ist faktenresistent. Die antisemitische Argumentation weist eine eigene Affektlogik auf, deren Erklärung unabdingbar für das Verständnis des Phänomens Judenhass ist. Antisemiten bewegen sich kognitiv und emotional wie in einem Hamsterrad, in das sie die Fakten der realen Welt nicht hineinlassen wollen.

Gleichzeitig sind massive Abwehr- und Relativierungsstrategien integraler Bestandteil des antisemitischen Diskurses. Dies trifft sowohl auf die Internetkommunikation als auch auf die alltägliche und massenmediale Kommunikation in der realen Lebenswelt zu. Leugnung des Antisemitismus und seine Bagatellisierung ist heute ein großes Problem.

Es sind nicht die Informationsportale der politischen und ideologischen Extremisten, sondern die alltäglichen Kommunikationsprozesse der Alltagsuser in den Sozialen Medien, die verantwortlich für Verbreitung und Normalisierung judenfeindlichen Gedankenguts sind. Dies bewirkt eine gefühlte und schon habitualisierte Allgegenwart von Judenhass im Netz. Dass gerade Online-Kampagnen, die gegen Judenfeindschaft aufrufen, innerhalb kürzester Zeit von Antisemitismen überschwemmt werden und in Solidaritätskampagnen die höchsten Zahlen von antisemitischen Texten zu verzeichnen sind, und es kaum Gegenrede dabei gibt, passt zu diesem Gewöhnungseffekt.

1. Die Vermessung des Hasses:
Wie man Einblick in antisemitische Einstellungen erhält

„Juden sind Meister der Manipulation, schenke ihnen Glauben und dein Untergang steht nah." [EB_YT_VL_09-01-2019_sch]

„Ich hatte mal vor jahren gelesen das wenn Deutschland aufhört zu zahlen,Israel Deutschland mit Atombomben angreifen würde.Ob das echt stimmt weiss ich nicht, Mafia Verhältnisse?!Vlt weiß ja jemand mehr darüber." [EB_fb_agi_24-01-2019]

Manchen Lesern mag ein Methodenkapitel in einem Buch über Judenhass unerheblich oder uninteressant erscheinen, doch es ist von elementarer, nicht hoch genug einzuschätzender Relevanz. Denn die jeweilige Methode entscheidet maßgeblich, was man wie untersuchen kann, welche Ergebnisse man erhält und vor allem, welchen Stellenwert die Resultate haben. Oft werden nämlich z. B. nur Einzelbeobachtungen von Individuen präsentiert, die sicher spannend, aber eben nicht repräsentativ oder intersubjektiv sind, da sie allein auf subjektiven Eindrücken basieren. Andererseits liefern Erhebungen, die zwei- oder viertausend Menschen befragt haben, zwar wichtige, im statistischen Sinne repräsentative Hinweise, diese besitzen aber nur eine sehr eingeschränkte Authentizität.

Wenn Menschen außerhalb ihrer natürlichen Lebenssituation befragt werden oder ihr Verhalten untersucht wird, stellt sich stets das sogenannte Beobachtungsparadoxon ein: Die unter Beobachtung stehenden Versuchspersonen zeigen eben gerade nicht das Verhalten, das man erforschen will, da sie befangen sind. Priming (Vorbereitung/Bahnung) bedeutet, dass vorgegebene Stimuli wie Sätze immer einen Einfluss auf die Reaktionen der Befragten haben. Wenn z. B. in einer Erhebung der Satz „Juden haben zu viel Einfluss in Deutschland" zur Beurteilung gegeben wird, so wird diese spezifische Aussage, bewusst oder unbewusst, die Antwort auf die eine oder andere Weise „primen". Die Aussage kann dabei also das Bewusstsein überhaupt erst für den unterstellten Einfluss aktivieren oder aufgrund der simplen antisemitischen Kollektivzuschreibung zu einer Abwehrreaktion führen. Bei Themen, die affektiv vorbelastet sind, und dies ist bei Antisemitismus der Fall, spielen Überlegungen zur politischen Korrektheit und sozialen Erwünschtheit immer eine Rolle, auch bei anonymen Umfragen. Ganz gleich, ob Telefoninterviews, persönliche Gespräche, mündliche oder schriftliche Umfragen: Sie entstehen in künstlichen Situationen mit einer begrenzten Auswahl nicht natürlicher Daten und liefern daher keine authentischen Auskünfte. Und so sind die immer wieder angeführten Prozentzahlen zur Verbreitung judenfeindlichen Denkens in der deutschen Gesellschaft (z. B. dass die Zahl bei ca. 20% stabil ist oder dass klassischer Judenhass zurückgedrängt sei, was in direktem Gegensatz zu den Ergebnissen korpusbasierter Datenanalysen steht) immer mit der Überlegung zu betrachten, dass diese auf artifiziell erhobenen Daten basieren. Nichtsdestotrotz handelt es sich natürlich auch bei Umfragen um Methoden, die als Ergänzung zur natürlichen Evidenz ihren statistischen Sinn haben.

Nur über natürlich produzierte, d. h. ungelenkte und unaufgeforderte Äußerungen, die aus eigenem Antrieb formuliert wurden, erhält man Aufschluss über zugrundeliegende Gedanken und Gefühle der Verwender. Diese Sprachgebrauchsmuster geben Aufschluss über die wahren kognitiven und emotionalen Einstellungen von Antisemiten, da verbale Strukturen Spuren der geistigen Aktivität ihrer Nutzer sind. In Kognitions- und Neurowissenschaften wird deshalb die Sprache oft als „die Straße oder das Fenster in den Geist" charakterisiert.

Korpusanalysen, die mit großen natürlichen Datenmengen arbeiten, haben also gegenüber anderen Methoden den entscheidenden Vorteil, dass sie ohne Stör- und Einflussfaktoren die typischen Merkmale eines Kommunikationsbereichs erfassen und Einblicke in Denk- und Gefühlsweisen geben können.

Den Hass erfassen, darstellen und erklären:
Empirische Antisemitismusforschung

„Lieber Zentralrat, Sie sind ja die Institution, die bei geringsten Vorkommnissen in Deutschland mahnend den Finger hebt….Aber ihr, die Juden, die Blut an den Händen habt, Frauen und Kinder umbringt,…habt kein Recht Deutsche zu verurteilen." (E-Mail an den ZJD, 16. Mai 2018, mit Namen und Anschrift)

Im Rahmen der empirischen Antisemitismusforschung, also einer Forschung, die sich nicht allein auf intuitiv-introspektive Theorie und Einzelfälle verlässt, ist bereits seit 2004 in diversen Forschungsprojekten zum aktuellen Antisemitismus ausführlich und auf breiter empirischer Evidenz fußend die Artikulation und Tradierung von Judenhass in Deutschland (und Europa) untersucht worden. Mittels diverser Korpusstudien haben wir u. a. untersucht, was und wie Personen an den Zentralrat der Juden und die israelische Botschaft in Berlin in Briefen und E-Mails schreiben, wie sich diese Schreiben von Texten, die in anderen europäischen Ländern verfasst und versendet werden, unterscheiden, was für ein Israel-Bild in massenmedialen Texten vermittelt wird und welche kommunikativen Strategien besonders gebildete Menschen benutzen, um ihre antisemitischen Äußerungen zu legitimieren und abzusichern. So wissen wir heute sehr genau, welche Stereotype primär im antisemitischen Sprachgebrauch produziert werden, welche argumentativen Muster Antisemiten benutzen, wie nicht intentionale Alltagsantisemitismen (z. B. in der Nahostkonfliktberichterstattung) aussehen und in den Medien wirken, und welche kognitiven Repräsentationen und Gefühle dabei involviert sind (s. hierzu Schwarz-Friesel/Reinharz 2013 sowie die Publikationen in der Bibliographie).

Da das Internet eine immer wichtigere Rolle bei allen Kommunikationsprozessen spielt, haben wir im jüngsten Forschungsprojekt in einer Langzeitstudie untersucht, welche antisemitischen Inhalte in diversen Bereichen des World Wide Web auf welche Weise zugänglich gemacht und verbreitet wurden.

Die spezifischen Fragen lauteten: Welche Stereotype des klassischen, des Post-Holocaust- und israelbezogenen Antisemitismus[5] lassen sich in den aktuellen Verbalisierungen erkennen? Auf welche Mittel und Strategien greifen User zurück, um judeophobe Positionen und Bewertungen akzeptabel erscheinen zu lassen sowie Kommunikationspartner und mögliche Rezipienten davon zu überzeugen? Gibt es signifikante Unterschiede zwischen Antisemitismen von rechten, linken, muslimischen und mittigen Schreiber? Welche Ausprägung ist als dominant zu bezeichnen? Welche Rolle spielen Emotionen bei der Kodierung von judenfeindlichen Texten?

---

5   Zu den Stereotypen des klassischen Antisemitismus (KlA), des Post-Holocaust- (PHA) und des israelbezogenen Antisemitismus (IA) s. ausführlich Kapitel 2.

Datenmaterial und Korpusstudie
Ziel des Projektes war die Untersuchung aktueller antisemitischer Tradierungsformen im 21. Jahrhundert im Kommunikationsraum des World Wide Web. Mithilfe einer umfangreichen korpusbasierten Studie (sowie zahlreicher Stichprobenanalysen), die unterschiedliche Web-Diskurse (wie Online-Kommentarbereiche der Qualitätspresse, Twitter, Facebook, YouTube, Blogs, Foren, Ratgeberportale) der Jahre 2007 bis 2018 umfasst, wurde analysiert, wie und wo User im Web 2.0 Antisemitismen kodieren und verbreiten, wie sie sich in Kommentarbeiträgen positionieren, welche antisemitischen Stereotype sie produzieren, und wie sie diese argumentativ absichern, um sie einem möglichst breiten Publikum als wahrhaftig und legitim zu unterbreiten.

Zur Relevanz natürlicher Daten: Sprache als Fenster in den Geist

„Eure Sippe ist weit entfernt von etwas Besseres zu sein. Eure Sippe in Israel sind KZ Wächter. Kein bisschen besser als die dreckigen Nazischweine." (E-Mail an den ZJD, 20. Juni 2018)

Relevante und vor allem authentische Einblicke in antisemitische Gedanken- und Gefühlswelten erhält man, wie oben kurz erläutert, weder durch die Analyse einzelner Äußerungen, da diese nicht repräsentativ sind, noch durch Umfragen, die aufgrund ihrer stark begrenzten, vorformulierten Aussagen keine authentischen, natürlichen Sprachproduktionsdaten liefern. Umfragen sind zwar wichtige Begleitmethoden, aber keineswegs reliabel, und ihre Ergebnisse immer unter dem Vorbehalt zu sehen, dass es artifizielle Daten[6] sind. So wählten wir die Methode der Korpusanalyse, die große Mengen von natürlich erhobenen Sprachgebrauchsdaten liefert und

---

6   Die Diskrepanz zwischen artifiziellen und natürlichen Daten zeigt sich besonders ausgeprägt bei einer Aussage wie „Die Zustimmung zu klassischen Formen des Antisemitismus nimmt seit Jahren in Deutschland kontinuierlich ab" (s. z. B. Expertenbericht des Bundestages sowie die Allensbach-Umfrage zum Antisemitismus 2018 oder die Studie von Feldmann 2018). Alle authentischen Daten von Korpusstudien belegen seit vielen Jahren die frequente Artikulation klassischer Antisemitismen in der natürlichen Kommunikation und ihre Dominanz beim aktuellen Judenhass. Es wird viel zu wenig reflektiert, dass Befragungen und Interviews stets vom Post-Holocaust-Bewusstsein und seiner Bewertung von Judenhass bestimmt sind (nachweislich auch bei anonymen Fragebogenerhebungen). Dass dort gerade die klassisch anti-judaistischen und rassistisch-völkischen Antisemitismen keine Zustimmung in den Test-Sätzen erhalten, verwundert also gar nicht. Ein realistisches Bild zum Einstellungsantisemitismus erhält man so jedenfalls nicht.

somit durch quantitative wie qualitative Textanalysen für bestimmte Diskursbereiche typische Charakteristika antisemitischer Stereotyp- und Verschwörungsideologie-Kodierungen sowie Tendenzen kommunikativer Praxis und Argumentation transparent machen kann.

Der sprachlichen Kodierung judenfeindlicher Ideen, dem Verbal-Antisemitismus, kommt bei der Tradierung antisemitischer Gedanken und Gefühle auf breiter sozialer Ebene eine Schlüsselrolle zu: Durch die Sprache werden Stereotype seit Jahrhunderten ständig reproduziert und bleiben im kollektiven Bewusstsein. Auch die Erfahrung des Holocaust und seine intensive Aufarbeitung nach 1945 haben diese Tradition nicht gebrochen. Dabei sind explizite generische All-Aussagen wie „Alle Juden sind rachsüchtige und geldgierige Menschen" sowie Holocaustleugnungen nur ein kleiner Teil antisemitischer Kommunikationspraxis. Heute werden judenfeindliche Ideen vielmehr camoufliert und verschlüsselt, also indirekter und versteckter verbalisiert. Solche indirekten Sprechakte und ihre dazugehörigen Implikaturen[7] lassen sich nur durch geschulte Experten in qualitativen Detailanalysen erklären, da quantitativ arbeitende Programme, die nur bestimmte Lexeme suchen, diese Antisemitismen nicht erfassen. Auf den jeweiligen Kontext Rücksicht nehmende Inhaltsanalysen von Äußerungen ist folglich nicht zu verzichten.

Web-Daten, Crawler, Subkorpora: Pilotstudie zu Antisemitismen im Web 2.0

Mit diesem Projekt wurde zugleich ein technisches Pilotprojekt gestartet, mit dem die umfassende und automatisierte Speicherung von Webseiten und User-Kommentaren ermöglicht wurde. Die (dauerhafte) Präsenz von umfangreichem Datenmaterial ist Grundvoraussetzung für eine aussagekräftige Analyse dominanter sprachlicher Formen in den Neuen Medien. Deshalb wurde eigens eine Software, ein Webcrawler, entwickelt. Dieser Crawler ist ein für die Suche im Internet entwickeltes Computerprogramm, mit dem wir Artikel auf den Webseiten faz.net, spiegel.de,

---

[7] S. Schwarz-Friesel/Reinharz, 2013: Kap. 11. Da diese indirekten Sprechakte immer in einem bestimmten Kontext geäußert und die entsprechenden Implikaturen vom Sprachproduzenten mit Kalkül antizipiert werden, ist jedem Leser/Schreiber klar, wer und was damit gemeint wird. Dass Umwegkommunikation nach 1945 gerade die normale und häufige Antisemitismenproduktion darstellt, wird jedoch trotz aller Forschung dazu u. a. von der deutschen Justiz bislang kaum berücksichtigt.

tagesspiegel.de, focus.de, taz.de mitsamt der dazugehörigen User-Kommentare anhand ausgewählter Schlagworte (israel*, juden*, nahost*, antisemit*) gesucht und automatisch gespeichert haben. Außerdem konnten mit dem Crawler auch Facebook-Seiten und Kommentare unter YouTube-Videos automatisch geöffnet und abgespeichert werden, wobei auf diesen Seiten die Suche nach entsprechenden Artikeln bzw. Videos und den dazugehörigen Kommentarbeiträgen manuell erfolgen musste. Der Crawler speicherte im Zeitraum von Januar 2015 bis Februar 2016 66.374 Webseiten (also Artikel und Kommentarbereich) im PDF-Format automatisch. Dafür wurden Webseiten mehrmals abgerufen, um evtl. Änderungen (Löschung von Kommentaren oder neu hinzugekommene Kommentare) zu verfolgen, d.h. der Crawler speicherte 11 Dateien eines Kommentarbereichs zu unterschiedlichen Zeitpunkten innerhalb einer Woche nach Erscheinen eines Artikels.[8] Aus diesem Grund müssen die 66.374 gespeicherten Webseiten durch 11 geteilt werden. Damit ergeben sich 6.034 Webseiten. Hochgerechnet auf die Anzahl der automatisch gespeicherten 6.034 PDF-Seiten ergibt sich allein für diesen Zeitraum eine Anzahl von 265.496 Kommentaren, die der Crawler automatisch zusammengetragen hat. Es wurden themenspezifische Subkorpora erstellt, die konvertierten txt-Dateien wurden in MAXQDA (einer Software für Datenanalyse) importiert und detailliert inhaltlich kodiert.[9] Somit konnten nicht nur quantitative Aspekte erfasst werden, sondern auch in der Detailanalyse alle kontextuellen Ausprägungsvarianten von Antisemitismen direkter und indirekter Art (was bei rein quantitativen Big Data-Analysen nicht geleistet werden kann) in umfangreichen Stichprobenanalysen.

Weiterhin wurden mithilfe anderer Tools (z.B. Netvizz) und manuell weitere Web-Korpora erstellt (s. Tabelle Gesamtkorpora). Sie wurden eben-

---

[8] Am ersten Tag der Verfolgung einer Webseite (nach dem Erscheinen eines neuen Artikels und dem dazugehörigen Kommentarbereich) speicherte der Crawler vier Versionen der Seite im 6-Stundentakt, am zweiten Tag speicherte er zwei Versionen im 12-Stundentakt und vom 3. bis zum 7. Tag speicherte er jeweils eine Version. Auf diese Weise kommen elf Versionen einer Datei zustande.

[9] Alle Kodierungen wurden im Forschungsprojekt immer doppelt kodiert, d.h. von mindestens zwei Mitarbeiter unabhängig voneinander analysiert und die Ergebnisse dann miteinander verglichen, um Intersubjektivität der Kodier-Analysen zu gewährleisten. Des Weiteren erfolgten die Kodierungszuordnungen stets konservativ: War also eine unklare Tendenz oder eine graduelle Abstufung in der Analyseeinheit abzuwägen, wurde jeweils die vorsichtigere Lesart/ geringere Variablenausprägung gewählt.

falls mit MAXQDA und/oder Antconc systematisch kodiert und analysiert. Dank der Redaktion von ARD meta-Tagesschau.de erhielten wir zudem 4.766 von der Redaktion gelöschte Kommentare zu Gaza 2014. Während der Projektphase wurden zudem regelmäßig zahlreiche Stichprobenanalysen in den Sozialen Medien durchgeführt. So wurden auch Tweets, Facebook- und Blog-Texte, Kommentare unter YouTube-Videos und Ratgeber- und Suchportale sowie Einträge im Online-Unterhaltungssektor untersucht.

Juden(tum), Israel, Nahostkonflikt: Themenschwerpunkte und Struktur der Stichproben

Es wurden Kommentarbereiche zu Themen zum Nahostkonflikt und zu Israel, zur deutschen NS-Vergangenheit, zu aktuellen politischen und religiösen Themen (Verlautbarungen des ZJD, Flüchtlingskrise, Beschneidungsdebatte) sowie zu Ergebnissen der Antisemitismusforschung untersucht (s. hierzu die Tabelle mit der Datengesamtübersicht). Themen, die keinen Bezug zum Nahostkonflikt und zu Israel hatten, wurden im Vergleich zu Gaza 2009 und 2004 untersucht, um sehen zu können, inwieweit sich hierbei Unterschiede bzw. Gemeinsamkeiten in Bezug auf die israelbezogenen Antisemitismen finden. Um Tendenzen der Zu- oder Abnahme der Antisemitismenproduktion erfassen zu können, wurden Kommentarbereiche aus den Jahren 2007, 2009, 2012, 2014 und 2017 miteinander verglichen. Der Fokus lag hierbei stets auf dem Alltagsantisemitismus der Gesamtgesellschaft, also den Texten in den frei zugänglichen und täglich genutzten Mainstream-Bereichen und Sozialen Medien und nicht auf den Posts von Extremisten. Diese wurden in Stichproben jedoch auch stets mit einbezogen. Dabei wurde zuerst der antisemitische Status der Texte untersucht und deren Verteilung quantitativ erfasst, dann die Inhaltsanalyse durchgeführt. Einige Subkorpora wurden ausschließlich einer qualitativen Inhaltsanalyse unterzogen, u. a. wenn es um kommunikative Reaktionen auf Forschungsergebnisse/Fakten oder um persuasive Initiativstrategien ging. In die qualitativen Einzelanalysen wurden Textbeispiele aus Stichproben des aktuellsten Materials (2017–2018) dezidiert mit einbezogen, um darzustellen, dass die skizzierten Veränderungen nur wenige Einzelaspekte betreffen und die meisten verbalisierten Stereotype und textuellen Strategien fortbestehen und sich seit 2014 wenig verändert haben. Die Ergebnisse, die sich auch auf die quantitativ klassifizierten Stichproben beziehen, sind daher für die Grundgesamtheit generalisierbar. Als Vergleichskorpus hinsichtlich Textsortenspezifik und Charakteristika der Web-Kommunikation diente eine Datensammlung von 20.000 E-Mails, die zwischen 2002 und 2018 an die israelische Botschaft in Deutschland (IBD) und den Zentralrat der Juden in Deutschland (ZJD) gesendet wurden. Die dort konstatierten Tendenzen wurden mit den Web-2.0-Daten verglichen.

Kodierleitfaden und Kodierprozesse: Wie man Texte klassifiziert
Anhand eines Kodierleitfadens, der im Wesentlichen auf dem Klassifikationskatalog von Schwarz-Friesel/Reinharz (2013: 28ff.) basiert, diesen jedoch um Web-Spezifika erweitert, wurden Korpusanalysen zu verschiedenen Themenschwerpunkten und Kommunikationsbereichen des Web 2.0 (FB, Twitter, YouTube, Blogs, Foren, aber auch Online-Kommentare zu Artikeln der Qualitätsmedien) durchgeführt. Hinsichtlich Analyse und Kategorisierung[10] sind die Kodierer entsprechend geschult (Probekodierungen wurden bereits während der explorativen Phase durchgeführt). Während des Kodierprozesses wurden bei schwierigen Fällen stets zusätzlich zu den Doppelkodierungen noch einmal von einem dritten Mitarbeiter unabhängige Analysen vorgenommen und dann abgeglichen. So lassen sich die intersubjektiv nachvollziehbaren Lesarten festlegen. Die Erhebung entspricht einer klassischen kategoriengeleiteten Inhaltsanalyse. Diese wurde jedoch durch linguistisch geschulte Kodierer vorgenommen, die über die entsprechenden Variablendefinitionen und -ausprägungen informiert waren (also kein Blind-Kodieren).

---

10 Zu den Bewertungsvariablen gehören eine Reihe dichotomer Variablen, die das Vorkommen bestimmter Strategien oder Manifestationsformen erheben (jeweils Ausprägung positiv und negativ für Auftreten bzw. Fehlen). Die Variablen sind nominal skaliert, z.T. sind aber Mehrfachnennungen möglich, z. B. bei der dominanten Stereotypklasse bzw. der Kombination von mehreren Stereotypen. Die wichtigste Bewertungsvariable ist „antisemitischer Status". Wird bei dieser Variable die Ausprägung antisemitisch kodiert, hat der Kodierer wie bei den Stereotypen (und unter Berücksichtigung der Art der Stereotype) kategoriengeleitet zu entscheiden, ob die Zuschrift eher klassisch-antisemitisch, Post-Holocaust-antisemitisch oder israelbezogen-antisemitisch ist. Wegen ihrer großen Streubreite wird die Variable „verbale Auffälligkeiten/Besonderheiten" offen kodiert, die Kodierer können also ohne Kategorienraster angeben, welche verbalen oder konzeptuellen Muster innerhalb der Zuschrift dominant sind (z. B. Wiederholungen oder Emphasesignale; Verlinkung mit Textanhängen oder Bildern, Multimodalität).

Bewertungsvariablen/Valenzvariablen

politische Tendenz	r.ex.	rechtsextrem
	Mr	eher rechts/rechtskonservativ
	Mitte	gesellschaftliche Mitte
	Ml	eher links
	l.ex.	linksextrem
	islam	Mulimisch/islamistisch
	psych	psychopathologisch
sprachliches Niveau	norm	normal/unauffällig
	elab	elaboriert/hohes sprachliches Niveau
	bild	„bildungsfern"/niedriges sprachliches Niveau
	vul	vulgär
antisemitischer Status	neutr	neutral (deskriptiv; nicht antisemitisch)
	sol	solidarisch
	phil	philosemitisch
	ik	israel-kritisch (jedoch nicht antisemitisch)
	eas	explizit verbal-antisemitisch
	ias	implizit verbal-antisemitisch
Art des Antisemitismus	KlA	klassischer Antisemitismus
	PHA	Post-Holocaust-Antisemitismus
	IA	israelbezogener Antisemitismus
Stereotyp ja/nein	ja	judeophobe Stereotype kommen vor
	nein	es kommen keine Stereotype vor

Art der Stereotype	KlA	klassisch antisemitische Stereotype
	PHA	Post-Holocaust-antisemitische Stereotype
	anti-israelisch	neue (israelbezogene) Stereotype
NS-Vergleich	ja	NS-Vergleiche kommen vor
	nein	es kommen keine NS-Vergleiche vor
Medienbezug /Online-Medien / Verlinkung	-	kein Medienbezug
	ind. MB	indirekter Medienbezug
	konk. MB	konkreter Medienbezug (auf Einzelmedium/-text)
Emotion /Emotionspotenzial	ja	Emotionen werden ausgedrückt/benannt
	nein	Emotionen werden nicht ausgedrückt/benannt
auffällig	[...]	auffällige verbale/konzeptuelle Merkmale (z. B. eliminatorische Phantasien, religiöse Verweise, multimodale Kodierungen)
Web-Bereich (Kommentare Online-Presse, Twitter, Facebook, Blogs)	[...]	Anmerkungen für Team (z. B. „Textteile fehlen", Inkohärenz, Bilder angehängt o.ä.)
Sonstiges/ Anmerkungen		z.B. ähnliche bzw. identische Argumentation in verschiedenen Textsorten

Vergleichende Analyse von historischen und aktuellen Texten: Judenhass gestern und heute im Spiegel der Sprache

Die aktuellen Formen von Antisemitismus können ohne die lange abendländische Tradition des Judenhasses mit ihren changierenden Ausprägungen im Wandel der Jahrhunderte nicht verstanden und erklärt werden. Nur im direkten Vergleich mit den historischen Texten wird z. B. ersichtlich, dass die Sprachgebrauchsmuster sich kaum verändert haben und dass Judenhass ein im kollektiven Gedächtnis verankertes Glaubens- und Weltdeutungssystem ist, das primär über die Sprache kodiert und tradiert wird. Zusätzlich wurde daher für eine komparative, d. h. vergleichende Analyse eine Datensammlung von 800 historischen Texten (vom 16. Jahrhundert bis 1945) berücksichtigt, die besonders typische judenfeindliche Stereotypkodierungen und Argumente beinhaltet. Im Vergleich zeigt sich, wie sehr die Ausdrucksformen des 21. Jahrhunderts immer noch angelehnt sind an die uralte Hassrhetorik des Mittelalters.[11] Wenn man begreifen will, warum Antisemitismus trotz der Aufklärungsarbeit nach dem Holocaust weiterhin existiert, wieso er kontinuierlich in sehr ähnlichen Formen auftritt und identische Konzeptualisierungen (im Sinne von mentalen Bildern) aufweist, muss die lange, fast zweitausend Jahre alte Geschichte der Judenfeindschaft berücksichtigen. Dass Antisemitismus heute oft nicht erkannt oder als solcher klassifiziert und juristisch nicht geahndet wird, hängt oft mit einer zu engen Definition zusammen, die nur die zwölf Jahre NS-Zeit als typisch für Judenhass ansieht. Alle Analysen aber zeigen, dass der aktuelle Antisemitismus letztlich die Tradition des christlichen Anti-Judaismus fortführt.

---

[11] Wie sie von Trachtenberg 1943 beschrieben wird.

2. Judenfeindschaft als kulturelle Konstante: Das Chamäleon Antisemitismus zwischen Kontinuität und Wandel

„Die Juden müssen einfach nur dem Bösen, dem Diabolischen entsagen und sich zu Gott, dem wahren Gott bekennen und zum Christentum übertreten, schlicht den Irrglaube Judentum einfach hinter sich lassen."
(E-Mail an die Israelische Botschaft in Berlin, 17. Oktober 2018)

Judenhass: Krake, Hydra, Chamäleon

Antisemitismus scheint wie eine Krake, die ihre Arme in alle Richtungen dreht und wendet, wie eine Hydra mit vielen Köpfen, die nachwachsen, wenn man sie abschlägt, wie ein Chamäleon, das seine Farbe je nach Umgebung verändert, aber in Struktur und Substanz unverändert bleibt. Diese Metaphern versinnbildlichen die Komplexität, die Hartnäckigkeit und Langlebigkeit des Phänomens sowie seine tiefe Verwurzelung in der gesamten Gesellschaft. Denn Judenhass kommt nicht von den Juden und hat mit realen Juden und ihrem Verhalten gar nichts zu tun. Juden werden als einzige Gemeinschaft in der Welt gehasst, allein, weil sie sind[12], weil ihre Existenz in der Welt als Störfaktor gesehen wird. Dies ist das Erbe des Abendlandes, das eine tief schwarze Schattenseite hat, die als solche in ihrem ganzen Ausmaß außerhalb der Forschung noch nicht hinreichend reflektiert wird.

Judenhass basiert auf Phantasmen, über die Sprache konstruierte Feind- und Zerrbilder, die auf Juden projiziert werden. Judenfeindschaft ist daher ein Problem derjenigen, die Juden grundlos hassen. Also muss man verstehen, was diesen Hass trägt, hält, antreibt, wie er sich artikuliert und von wem er kommuniziert wird. Judenhass ist ein gesamtgesellschaftliches Phänomen, er kommt von Linken und Rechten, Moderaten, von Gebildeten und Ungebildeten, von Muslimen, von Christen, von Atheisten, und manchmal auch von Juden selbst, die keine andere Möglichkeit bei ihrer Identitätssuche finden, als in Einklang mit ihrem jeweiligen Lebensumfeld die Hassprojektionen zu übernehmen, um mit ihrer nicht-jüdischen Sozialisierungsumgebung konform leben zu können[13].

---

12 Poliakov 1956, S. 309 f.
13 S. hierzu Friesel 2011 und 2015.

„Neu" ist nichts am viel beschworenen „neuen Antisemitismus": Es ist der uralte Judenhass, der lediglich je nach Situation im neuen Gewand auftritt. Die sich verändernden Gesichter, seine unterschiedlichen Farben und Oberflächen. Das ist typisch für das Chamäleon Antisemitismus. Die Monotonie seiner ständig wiederholten immer identischen Vorwürfe und Verschwörungsphantasien wird nur durch die geringfügigen Anpassungen verändert. Opportun verwandelt er sich und holt immer genau die Dimension jüdischer Existenz in sein Blickfeld, die aktuell besonders im Mittelpunkt öffentlichen Interesses steht, um in seiner Anpassung möglichst effektiv zu wirken, und er behält doch dabei immer seine geistige und emotionale Basis. Neu ist nach 1945 aber das massiv auftretende Phänomen der Antisemitismusleugnung, das in den letzten 20 Jahren zu einem integralen Bestandteil der judenfeindlichen Kommunikation geworden ist. Hierzu gehören aggressive Abwehr, Umdeutung und Relativierung ebenso wie die Diskreditierung von empirischer Antisemitismusforschung

Was ist Antisemitismus? Natürlich gibt es eine international anerkannte Definition!
Auch wenn ab und zu in der Öffentlichkeit zu hören ist, man habe keine verbindliche, allgemein anerkannte Definition von Antisemitismus[14], bleibt zu konstatieren, dass wir natürlich sehr genau wissen, um was für ein Phänomen es sich hier handelt. Seit über 100 Jahren gibt es Abhandlungen und seit 1945 eine kaum noch zu überblickende Fülle an wissenschaftlichen Publikationen sowie Untersuchungen zu historischem und aktuellem Judenhass. Und wenn es auch ab und an Variationen innerhalb bestimmter Ansätze (wie Kritische Theorie, Psychoanalyse) oder Disziplinen (wie Geschichte, Soziologie, Politik- oder Kognitionswissenschaft) gibt, so besteht doch in der internationalen Forschung weitestgehend Konsens darüber, dass Antisemitismus als Judenfeindschaft die moderne Form des alten Judenhasses ist (s. u. a. Poliakov 1956, Wistrich 1992, Bauer 2001,

---

14 Hierbei wird dann ausgelassen, dass es bei jedem Phänomen, sei es Emotion, Kognition, Gesellschaft, Ökonomie, oder Umwelt, stets gewisse Abweichungen bei den Definitionen gibt. Je nach Wissenschaftsdisziplin bevorzugt man strukturelle oder prozedurale, soziale oder mentale Schwerpunkte. Dies ändert aber nichts an der Tatsache, dass es immer einen bestimmten Grundkonsens gibt. So wird beim Antisemitismus niemand in Frage stellen, dass es sich um eine irrationale judenfeindliche Einstellung handelt, die tiefe Wurzeln hat und in verschiedenen Manifestationen auftritt.

Laqueur 2006, Nirenberg 2013). Die von der IHRA (International Holocaust Remembrance Alliance) erarbeitete allgemeine Arbeitsdefinition „Antisemitismus ist eine bestimmte Wahrnehmung von Juden, die im Hass auf Juden Ausdruck finden kann" wird von der Forschungsgemeinschaft weithin akzeptiert (s. hierzu auch Porat 2013), und diese ist mittlerweile von der Bundesregierung und vielen anderen Parlamenten und Institutionen übernommen worden. Die Definition erfasst dabei auch, dass sich Antisemitismus sowohl in physischen Attacken manifestiert als auch in verbaler Gewalt gegenüber Juden und jüdischen Einrichtungen. Als ein Beispiel für moderne Judenfeindschaft wird Hass auf Israel genannt, wenn er jenseits rationaler Kritik den israelischen Staat dämonisiert und delegitimiert. Dies aber stößt auf Widerstand bei Antisemiten, die sich ihre als „Kritik" verbrämte Israelfeindschaft nicht nehmen lassen wollen. Wer heute jedenfalls noch allen Ernstes behauptet, man wisse nicht genau, was Antisemitismus eigentlich sei, ist entweder nicht vertraut mit der Forschungslage oder aber politisch-ideologisch interessengeleitet mit dem Ansinnen, bestimmte Manifestationen der aktuellen Judenfeindschaft als solche zu leugnen, hier vor allem in Bezug auf die Integration des israelbezogenen Antisemitismus in die Definition, der nicht als das klassifiziert werden soll, was er ist: lupenreiner Judenhass. Da im Wort *Antisemitismus* selbst aufgrund seiner etymologischen Bedeutung (,gegen Semiten') die Brutalität des Phänomens aber gar nicht zum Ausdruck kommt, ist es wichtig, immer wieder auch alternierend die Termini *Judenhass* und *Judenfeindschaft* zu benutzen.

Warum die Juden? Diese Frage ist klar zu beantworten mit dem kulturellen Erbe des Abendlandes.[15] Dass vor zweitausend Jahren im frühen Christentum Juden und Judentum aus Konkurrenz- und Abgrenzungsgründen zum Frevel in der Welt erklärt wurden, führte fataterweise zur Verdammung der jüdischen Religion(sgemeinschaft) und ist in der geistigen Genetik der europäischen Geschichte als Gefühlswert verankert.

Der Hass auf Juden ist ein kulturhistorisches Phänomen und lässt sich daher nur unter Berücksichtigung seiner langen Geschichte beschreiben und erklären. Ein sehr kurzer Abriss skizziert im Folgenden die wichtigsten Phasen.

---

[15] Antike Judeophobie hatte einen anderen Stellenwert und lässt sich als Xenophobie einordnen.

Judenhass als kulturelle Kategorie im kollektiven Gedächtnis

„Die Juden kannte man als Meister im Wuchern, Schachern, Stehlen ...; denn Laenderraub im Großen, Straßenraub im Kleinen ... waren die einzigen Mittel, wodurch jene ... etwas erwerben konnten." (Hundt-Radowsky 1823)

„Das jüdische Volk führt seit Babylon ein Schmarotzerdasein ...; deshalb ist es unter allen Umständen zu entfernen oder doch unschädlich zu machen." (Bartels 1921)

Antisemitismus ist eine feindselige, ressentimentgeleitete[16] Einstellung gegenüber Juden und Judentum, sowie seit der Staatsgründung auch Israel gegenüber, das als jüdischer Staat im besonderen Fokus aller antisemitischen Aktivitäten steht, da es das ostentative Symbol für jüdisches Überleben und genuin jüdische Lebensweise nach dem Holocaust ist. Israel zieht als jüdischer Staat den Hass von Antisemiten jedweder politischen Ausrichtung auf sich und ist in den letzten Jahrzehnten zur primären Projektionsfläche judenfeindlicher und verschwörungsbasierter Phantasien geworden. Antisemitismus basiert maßgeblich auf Stereotypen, d. h. mentalen Konzepten (geistigen Vorstellungen), die Juden mittels bestimmter, ihnen zugeschriebener Eigenschaften als Kollektiv definieren und als DIE ANDEREN[17] und DIE BÖSEN entwerten. Diese judeophoben Stereotype werden weitgehend homogen und nahezu unverändert seit Jahrhunderten kommuniziert: Juden werden dadurch de-realisierend und diffamierend als WUCHERER, GELDMENSCHEN, RACHSÜCHTIGE INTRIGANTEN, MACHTGIERIGE VERSCHWÖRER, BLUTRÜNSTIGE KINDERMÖRDER und ZERSETZER von Gesellschaften konzeptualisiert. Es handelt sich dabei um Phantasiekonstrukte, die bar jeder Realität sind, für überzeugte Antisemiten aber den Status von Glaubenssätzen mit Wahrheitswert haben. In diesem Weltdeutungssystem wurden (und werden) über die Jahrhunderte hinweg

---

16 Ein Ressentiment ist ein intensiver negativer Gefühlszustand, der auf Projektion basiert. Zur Abgrenzung von Vorurteil, Ressentiment, Klischee, Stereotyp s. Schwarz-Friesel/Reinharz 2013: Kap. 5.1.

17 In der kognitionswissenschaftlichen Notation werden Konzepte, als mentale Einheiten, in Kapitälchen oder einfache Anführungszeichen gesetzt und sprachliche Repräsentationen kursiv.

alle Übel der Welt Juden angedichtet: verschwundene und ermordete Kinder, betrügerische Geschäfte, Brunnenvergiftungen, Krankheiten, die Pest, zerstörte Ernten, persönliche Misserfolge, verlorene Kriege, Finanzkrisen. Juden nehmen somit flächendeckend auch die Sündenbock-Funktion ein. Stellvertretend nimmt im modernen Diskurs der jüdische Staat Israel diese Position als „kollektiver Jude" ein.

Judenhass im Wandel der Geschichte: die dunkle Seite des Abendlandes

„Der Jud stellt sein sinne nacht und tag Wie er den cristen verderben mag"
(Titel eines anonymen Flugblatts des 15. Jahrhundert)

„Teuffels Kinder" (Luther 1577)

„Was seind aber die Jüden? ... Lästerer vnd schänder Gottes vnd Christi [...] Seind sie auch hochschädliche Leuth .../ sie vnter dessen nehren sich alle auß der armen Christen Schweiß vnd Blut / vnd leben wohl von dem / so sie durch Wucher vnd Betrug denselben abschinden."
(Saltzmann 1661, Predigt anlässlich der Taufe eines Juden)

Die klassische Judenfeindschaft (bis 1945) wird vor allem vom religiösen Anti-Judaismus bestimmt, wobei die frühen Stereotype ‚Christusmörder' und ‚Beharren am falschen Glauben' maßgeblich sind. Seit der Abspaltung des Christen- vom Judentum werden Juden als ‚Gottesmörder und Verweigerer des wahren Glaubens' stigmatisiert. Das Judentum wird als ‚falscher Glauben eines halsstarrigen und bösen Volkes' diffamiert. Die frühesten judenfeindliche Texte, die diese Vorstellung artikulieren, sind im neuen Testament[18] zu finden (s. z. B. im Johannes-Evangelium, in dem die Dämonisierung von Juden ihren Ausdruck findet: „[...] die den Teufel zum Vater...haben", Joh 8, 44–45). Diese Teufelsmetapher und ihre Auslegung wird sich im Mittalalter als tödliche Klassifikation erweisen (s. Trachtenberg 1943). Vor allem aber legt Paulus verbal eine Kategorisierung vor, die, wenn auch im Kontext der sehr spezifischen Bekehrungsabsicht zu verstehen ist, bis zum heutigen Tag das Bild von Juden prägt. So finden sich auf

---

18 S. zu den Wurzeln im neuen Testament auch Grözinger 1999 und Pfahl-Traughber 2002b.

anti-israelischen Demonstrationen regelmäßig Plakate mit dem Slogan „Israel – der wahre Menschenfeind". Juden als ‚die Feinde', nicht als Feinde einer bestimmten Gruppe, sondern als Feinde der Menschheit: „Diese haben sogar Jesus, den Herrn, und die Propheten getötet; auch uns haben sie verfolgt. Sie missfallen Gott und sind Feinde aller Menschen" (Paulus; 1 Thess. 2,15). Selbst höchst aufgeklärte Geister wie Voltaire waren noch Jahrhunderte später von diesem Judenbild infiziert: „Juden [...] Kraft ihrer eigenen Gesetze, natürliche Feinde dieser Nationen und schließlich der Menschheit" (Voltaire [1761] 1878: 435). Zwischen dem 2. und 7. Jahrhundert entstehen zahlreiche Traktate, die Juden verdammen, sie als Gegenentwürfe zu einer gottgefälligen Existenz zeichnen. Auch die für Judenfeindschaft bis heute typischen Verdrehungen und irrationalen Umdeutungen sind zu erkennen, z. B. im Barnabas-Brief um das Jahr 130, in dem die Thoraschriften, die Bücher der Juden, von Christen „altes Testament" genannt, als ausschließlich zu den Christen zugehörig klassifiziert werden: eine frühe De-Realisierung. Entsprechend ist *Verus Israel*, das „wahre Israel" in der höchst einflussreichen Schrift des bis heute sehr verehrten Augustinus das Christentum; das Judentum dagegen ist seiner Ansicht nach als falsch zu verachten.[19]

Im Mittelalter kommen Stereotype des ‚wuchernden, geldgierigen und ränkeschmiedenden Juden' hinzu. Juden werden als aus der Gesellschaft auszugrenzende und zu verachtende Schädlinge gesehen:

„wie der Krebs allgemach einwurzelt / [...] Also auch ist es mit den Juden bewandt." (Rechtanus 1606)
„die Blutsauger des Volkes [...] „Judenschaft ist eine Völkerkrankheit." (Fries 1816)

Oft ist diese Vorstellung gekoppelt an eine extreme Dehumanisierung und Dämonisierung derart, dass jüdische Menschen als Tiere oder Teufel entwertet werden. Es etablieren sich die Wahnvorstellungen, Juden würden Blutkultrituale mit nicht jüdischen Kindern betreiben und die Brunnen vergiften. Auch diese Stereotype werden weltweit bis zum heutigen Tag immer wieder reaktiviert. Jedwedes Übel, das geschieht, wird den jüdischen Ge-

---

19 S. hierzu auch Simon 1996: "The nature of this situation, in which brothers were ranged in enmity against each other in battle over an inheritance, was bound to import a very peculiar color to the relations between the two cults. It explains the sharpness of the conflict, the violence of the hatred.", Introduction, p. XIII.

meinden angelastet, Juden erhalten die Rolle des allumfassenden Sündenbocks zugewiesen und sind stets die ultimativ ‚Anderen'. Oft werden Juden und ganze Gemeinden in Wellen der Gewalt umgebracht. Das Konzept ‚Juden sind die, die aus der Weltordnung herausfallen' wird zur Basis eines strikt manichäistischen Wertekanons: Gut und Böse sind klar aufgeteilt, und Juden als die Verkörperung des Schlechten oft als Antichristen, als Teufel(sgenossen) und Satan(sbrut) bezeichnet. Als 1348 in Europa die Pest grassiert, wird sie als die Strafe Gottes dafür gesehen, dass die Christenheit die Juden noch nicht aus ihrer Mitte entfernt habe. Vom Mittelalter bis zur Neuzeit zeugen die überlieferten Schriften und Bilder von den kollektiven Stereotypzuschreibungen:

„[Die] gottlosen, lästerhaftigen, diebischen, räuberischen und mörderischen [Juden, MSF]." (Nigrinus 1570)

Im Laufe der Neuzeit etabliert sich ein durch solche Stereotype fest geknüpftes Glaubens- und Weltdeutungssystem, das zwar zunehmend seine religiöse Dimension verliert und säkular wird, dem zufolge Juden dennoch den Status ‚Übel in der Welt' haben und als ‚Feinde der Menschen' gelten. Diese ‚Menschen-Feinde' gilt es zu vertreiben, aus den Städten auszulagern, sie zu töten oder ihre genuin jüdische Existenzform auszulöschen.

„Aber ihnen Bürgerrechte zu geben, dazu sehe ich wenigstens kein Mittel, als das, in einer Nacht ihnen allen die Köpfe abzuschneiden und andere aufzusetzen, in denen auch nicht eine jüdische Idee sey. Um uns vor ihnen zu schützen, dazu sehe ich wieder kein anderes Mittel, als ihnen ihr gelobtes Land zu erobern, und sie alle dahin zu schicken." (Fichte [1793] 1845: 150)

Letzteres wird durchaus auch von liberalen und gebildeten Personen im 19. Jahrhundert gefordert, die sich gegen Judenhass aussprechen, wie der Berliner Antisemitismusstreit zeigt. Selbst Theodor Mommsen, der sich vehement gegen die antisemitischen Äußerungen des Berliner Geschichtsprofessors von Treitschke („Die Juden sind unser Unglück", 1879) ausspricht, gibt den Juden eine Teilschuld am Judenhass, da sie sich bislang noch nicht in die Gemeinschaft des Christentums integriert hätten (s. Schwarz-Friesel/Reinharz 2013: 83).

Vorstellungen von unabänderlichen kollektiven Eigenschaften, die Juden besitzen, entstehen nicht erst im Anfang des 19. Jahrhunderts, das Bild des ewigen Juden gibt es bereits im Mittelalter. Und das ab dem 16. Jahrhundert benutzte, stigmatisierende Wort *Taufjuden* (im Spanischen die „marranos", von der Etymologie wörtlich *Schweine*), bezeugt, dass auch zum Christentum konvertierte Juden mit Misstrauen und Verachtung angesehen wurden. Die „Judensau" ist heute noch an Fassaden von Kirchen zu sehen; in zahlreichen Sprichwörtern europäischer Sprachen finden sich dehumanisierende Verweise auf *Judenschweine* (s. auch die entsprechenden Stellen im Koran, in denen Juden als „Schweine und Affen" bezeichnet werden). Es gibt kaum eine Schrift, ein Kunstwerk oder Traktat, das nicht direkt oder indirekt judenfeindliches Gedankengut verbreitet: „Judenschaft ist eine Völkerkrankheit" (Fries 1816: 10/16), „Haufen der Juden [...] im Kote" (Hegel 1800: 312).

Im 19. Jahrhundert ist das Bild des schmierigen, gierigen, bösen Juden (und der verführerischen Jüdin) ein Topos auch in den Bildungsromanen liberaler und weltgewandter Schriftsteller (zum literarischen Antisemitismus s. Grözinger 2003 und Schwarz-Friesel 2017). Es entwickelt und etabliert sich der Rassismus, der die prinzipielle Ungleichheit der Menschen nach Herkunft und Hautfarbe als wissenschaftliche Theorie proklamiert. Das antisemitische Glaubenssystem wird angereichert durch das Konzept der ‚anderen Rasse'. Juden werden nun als ein ‚von Geburt an minderwertiges und fremdartiges Volk' betrachtet, das dem ‚jeweiligen Gastland Schaden zufüge':

„In der Reichshauptstadt Berlin hat in der Stadtvertretung die Judenrace die Herrschaft [...] von anderen verjudeten Städten [...] will ich garnicht reden" (Dühring 1881: 123).

Auch viele Gelehrte und Künstler verbreiten diese Auffassung: „eine Plage und ein Verderben" (Arndt 1814: 193), „dass ich die jüdische Race für den geborenen Feind der reinen Menschheit und alles Edlen in ihr halte" (Wagner 1881), „unser Unglück" (von Treitschke 1879), „schreckliches Volk", „Überall stören sie" (Fontane 1889). Der völkische Rasse-Antisemitismus des 19. und frühen 20. Jahrhunderts ist geprägt durch die Stereotype ‚jüdisches Machtstreben', ‚Zersetzung', ‚andere Rasse', ‚Ränkeschmieder' und ‚Verschwörer' (s. hierzu z. B. die Schrift von Marr 1879, der als einer der Väter des säkularen Antisemitismus gilt und den Terminus geprägt hat).

Das von den Nationalsozialisten besonders verbreitete Konzept des ‚ewigen Juden' spielt hierbei eine wichtige Rolle (s. z. B. die Propagandafilme „Der ewige Jude" und „Jud Süß"). Juden sollen demnach als Volk kollektiv unabänderliche Eigenschaften besitzen wie ‚hässliche Physiognomie, verkommener Charakter, schädliches Sozialverhalten'. Mit den „Protokollen der Weisen von Zion" ist zudem Anfang des 20. Jahrhunderts eine der bis heute einflussreichsten verschwörungsphantastischen[20] Schriften, die obgleich lange schon als Fälschung enttarnt, vor allem im arabischen Raum viel gelesen und als faktisch wahr verbreitet wird, erschienen. Diese unterstellt Juden eine intendierte Übernahme aller wesentlichen Machtstrukturen. Auf der Vorstellung des „Weltjudentums" und seinem angeblichen Streben nach unbegrenztem Einfluss in der Welt sowie dem Rassenwahn fußend (der Juden als „Bazillen", „Ungeziefer", „Volksschädlinge" entmenschlicht), entwickeln die Nationalsozialisten nach einer Phase der Erniedrigung und Ausgrenzung der jüdischen Deutschen die „Endlösung" und führen konsequent den eliminatorischen Antisemitismus in dem unerschütterlichen Glauben durch, die jüdische Existenz müsse „zum Guten des deutschen Volkes" und der Menschheit (so z. B. Streicher und Himmler) ausgelöscht werden, an dessen Ende sechs Millionen jüdische Menschen umgebracht sind.

Der Post-Holocaust-Antisemitismus (PHA) nach 1945 umfasst die Stereotype der ‚Holocaustausbeutung', der ‚nachtragenden Unversöhnlichkeit' und des ‚Kritiktabus wegen Auschwitz' und müssen in Verbindung mit den nach 1945 entwickelten Prozessen der Schuldabwehr, Erinnerungsverweigerung und des Entlastungsantisemitismus gesehen werden (s. hierzu ausführlich Rensmann 2004 und 2015). Jüdinnen und Juden wird hier der Vorwurf gemacht, sie erzeugten antisemitische Gefühle, weil sie auf einer für die Deutschen schamvollen Erinnerung beharrten und Nutzen aus dem Schuldgefühl der deutschen Gesellschaft zögen. Solche Argumente werden aber nur von Personen artikuliert, die sich eben nicht dem kollektiven Scham- und Verantwortungsgefühl stellen und keine Empathie mit den Opfern/Nachkommen der Opfer empfinden, sondern vielmehr ihr judenfeindliches Ressentiment als Entlastungsantisemitis-

---

20 Ich benutze den Ausdruck Verschwörungsphantasie, um diesen Phantasien nicht durch das Wort Theorie einen Anschein von Wahrhaftigkeit zu verleihen. S. hierzu auch kritisch Pfahl-Traughber 2002a, der von Verschwörungsideologien spricht. S. hierzu auch Rathje 2019.

mus ausleben, indem sie Opfer-Täter-Umkehr und Erinnerungskulturverweigerung betreiben und sich selbst damit von belastenden Gefühlen befreien (wollen). Sarkastisch hat dies der israelische Psychoanalytiker Zvi Rex formuliert: „Die Deutschen werden den Juden Auschwitz nicht verzeihen", was oft verkürzt und plakativ als „Judenhass nicht trotz, sondern wegen Auschwitz" erklärt wird. Beides trifft aber zu: Antisemitismus ist trotz Auschwitz ungebrochen und wegen Auschwitz zusätzlich mit Schuld- und Schande-Abwehr vorhanden.

Der israelbezogene Antisemitismus und Antizionismus ist seit 1948 und in Europa insbesondere seit dem Ende der 60er Jahre eine weitere Variante des Judenhasses. Das Konzept des ‚kollektiven Juden' wird hierbei auf Israel projiziert, Israel wird entsprechend bar jeder Realität als Terror- und Unrechtsstaat, als Apartheids- und Rassismusregime, als Kindermörderstaat und dergleichen klassifiziert. Der israelbezogene Antisemitismus folgt exakt dem gleichen Muster des klassischen Judenhasses: ‚Israel ist an allem Schuld, Israel ist der Teufel unter den Ländern der Erde, Israel muss man boykottieren und am Ende auflösen'. Und auch heute sind es viele gebildete Menschen, viele Künstler und Intellektuelle, die sich dem alten Wahn nicht entziehen können (wie z. B. die BDS-Kampagne und ihre Befürworter zeigen). Der israelbezogene Antisemitismus ist aktuell die vorherrschende Variante im öffentlichen Kommunikationsraum und wird schon weithin akzeptiert, weil Antisemiten, die solche Antisemitismen artikulieren, leugnen, Antisemitismus zu verbreiten und sich hinter dem Konzept der ‚politisch legitimen Kritik' verstecken bzw. politisch korrekt absichern.

Es gibt nichts „Sekundäres" beim Hass auf Juden: Ein sprachkritischer Exkurs zu falschen Begrifflichkeiten
Im deutschsprachigen Raum hat sich seit den späten 50er Jahren eine irreführende und unangemessene Terminologie (in Anlehnung an einen Mitarbeiter der Frankfurter Schule) eingebürgert, die sich trotz wiederholter Kritik aus der historischen und empirischen Forschung noch hartnäckig hält: Der klassische Judenhass wird als „primär", der Post-Holocaust-Antisemitismus als „sekundär" bezeichnet. Diese Termini – die in den Standardwerken der internationalen Forschung keine Verwendung finden (s. u. a. Almog 1988, Volkov 1990, Wistrich 1992 und 2010, Laqueur 2006,

Nirenberg 2013) – sind unglücklich gewählt, da sie falsche Lesarten und irreführende Begrifflichkeiten aktivieren. Es gibt kein „primär" und „sekundär" beim Judenhass. Der Post-Holocaust-Antisemitismus folgt – gemäß der allgemeinen Anpassungstendenz von Judenhass – den alten Stereotypen und Schuldzuweisungen der klassischen Judenfeindschaft. Auch Holocaust-Leugnung und -Relativierung sowie Täter-Opfer-Umkehr aus den Motiven Erinnerungsabwehr und Schuldentlastung führen die lange Tradition der Judenfeindschaft kontinuierlich weiter. Menschen, die den Holocaust leugnen, in seinem Ausmaß minimieren oder Juden den Holocaust vorwerfen, indem sie ihnen seine Instrumentalisierung unterstellen, tun dies, weil sie antisemitisch denken und fühlen. Scham und Schande angesichts der deutschen Vergangenheit führen nicht notwendigerweise zu Entlastungs- und Schuldabwehr-Projektionen, wohl aber, wenn sie mit einer judenfeindlichen Gesinnung einhergehen. Die Konzepte der Post-Holocaust-Phase nach 1945 fußen letztlich auf den klassischen Stereotypen der JÜDISCHEN RACHSUCHT, GIER und MACHTAUSÜBUNG, werden aber modern adaptiert auf die Erfahrung Auschwitz übertragen. Dass sich dabei indirekte Artikulationsformen, eine sogenannte Umwegkommunikation entwickelte, die mittels Chiffren, Anspielungen und Schlüsselwörtern sowie Andeutungen judenfeindliches Gedankengut übermittelt, passt ebenfalls zu den Chamäleon-Eigenschaften der Judenfeindschaft: Wenn es verpönt oder verboten ist, offen Judenhass zu artikulieren, sucht man sich andere Mittel und Wege.

All dies hat aber nichts „Sekundäres" an sich. Sprachliche Klassifikationen durch Wörter lenken Denk- und Bewusstseinsprozesse immer in bestimmte Richtungen, auf semantische Felder und geistige Schemata, oft auf eine Weise, die der Sache nicht angemessen ist. So aktiviert die Bezeichnung „sekundär" aufgrund ihrer Wortbedeutung ‚zweitrangig' und ‚nicht ursprünglich' – teils bewusst, teils unbewusst – immer die Vorstellung, der PHA sei nur etwas Abgeleitetes, weniger Gefährliches, nicht genuin Antisemitisches, was aber nicht der Fall ist. Ich plädiere daher dafür, diese semantisch inadäquaten Termini nicht mehr zu benutzen.

Am Ende basieren alle Formen und Typen, seien sie religiös, rassistisch, strukturell, anti-zionistisch, rechts, links, mittig oder anderes, immer nur auf etwas Gemeinsamen: dem anti-jüdischen Ressentiment. Dieses wurde nicht einmal durch den Zivilisationsbruch der Nationalsozialisten und ihrem wahnsinnigen Versuch, alle europäischen Juden zu vernichten, flächendeckend erschüttert oder gar ausradiert.

Formen des aktuellen Antisemitismus: Trotz Variationen immer die gleiche Feindschaft

Zur Zeit sind vier Hauptformen des Antisemitismus dominant: Der rechtsextreme und rechtspopulistische Antisemitismus zeichnet sich dadurch aus, dass er an Nationalismus, Rassismus und Geschichtsrevisionismus geknüpft ist. Auffällig sind Holocaustleugnungen oder -relativierungen sowie Abwehr der deutschen Erinnerungskultur. Die Stereotype der klassischen Judenfeindschaft verbinden sich mit Post-Holocaust-Stereotypen. Das Echo der Vergangenheit zeigt sich in der vielfältigen Verwendung von Vokabeln aus der NS-Zeit wie „Rasse", „Verjudung", „Weltjudentum", „Parasiten". Rechtsextreme Verfasser projizieren ihren Hass auch auf Israel, der als „jüdisch-zionistisches Bollwerk" gesehen wird. Der Hass auf Juden wird als berechtigt angesehen und daher auch offen kommuniziert. Stilistik und Rhetorik sind vulgär und belegen ein hohes Aggressionspotenzial. Eliminatorische Phantasien werden in Anlehnung an die NS-Zeit im Netz verbreitet: „Gaskammern öffnen!"

Beim linken/linksextremen Antisemitismus sind Symbiosen von klassischen Stereotypen und israelbezogenem Antisemitismus dominant, wobei dieser jedoch stets mit Leugnungs- und Abwehrprozessen einhergeht. Die Antisemitismen werden dabei als „Gesellschaftskritik" (struktureller Antisemitismus/Kapitalismuskritik) oder „legitime Meinungsfreiheit" (Kritik an Israel) ausgegeben, das judenfeindliche Gedankengut also unter Camouflage artikuliert. Betont wird ein starker Anti-Rassismus: Anti-Zionismus und Anti-Israelismus werden als soziale und moralische Notwendigkeit interpretiert. Entsprechend unterstützen viele linke Antisemiten Boykottaufrufe gegen Israel, das als ‚faschistisch und rassistisch' diffamiert wird und nehmen extrem einseitig Partei für die Belange der ‚unterdrückten Palästinenser'. Typisch ist das benutzte Ideologievokabular von den „zionistischen Imperialisten" und der „neokolonialen Unterdrückungspolitik".

Der mittige/gebildete Antisemitismus zeichnet sich durch einen „moralischen" Antisemitismus im Gewand der „Kritik an Israel" aus. Wie beim linken Antisemitismus leugnen die Verfasser von Antisemitismen ihren eigenen Antisemitismus vehement. Auffällig ist der Bezug auf eine „humanistische Ethik", die „Kritik an Israel als Verantwortungsgefühl geradezu erforderlich und zur Pflicht mache". Die Verwendung von Legitimierungs- und Rechtfertigungsstrategien (wie „Israel provoziert antisemitische Gefühle") ist inflationär (s. u. a. Schwarz-Friesel 2015 und Kapitel 8). Hier zeigt sich das Bedürfnis, unter allen Umständen dem Vorwurf der Judenfeindschaft vorzubeugen, da Antisemitismus nach 1945 nicht vereinbar mit dem Selbstkonzept eines aufgeklärten Menschen ist.

Beim muslimischen / islamistischen Antisemitismus sind Kombinationen von klassischen und israelbezogenen Stereotypen der Judenfeindschaft vorherrschend. Auch Verschwörungsphantasien werden viel kommuniziert, in denen Israel und Juden allgemein eine weltbeherrschende Rolle und eine globale Feindschaft gegenüber dem Islam angedichtet werden. Es finden sich signifikant oft religiöse Verweise. Ausgeprägt sind zugleich eliminatorische Gewaltphantasien („Bombt Israel") und Verwünschungen („Dreckige Zionistenschweine sollen verrecken"). Auch der muslimische Antisemitismus ist stark geprägt vom klassischen Judenhass.

Ungebrochen: Die Resistenz des klassischen Konzeptes ‚Juden als das Übel in der Welt'

„DAS UNGEZIEFER DER WELT" [EB_yt_IID_S1]

Der langen abendländischen Tradition des Anti-Judaismus folgend erweist sich der aktuelle Antisemitismus als konzeptuell geschlossenes, faktenresistentes und von intensiven Negativ-Gefühlen bestimmtes Weltdeutungssystem. Judenfeindschaft ist kein Vorurteilssystem unter vielen, sondern ein unikales kulturhistorisches Phänomen, das sich gegen die Existenz von Juden und Jüdinnen richtet. Die kulturelle Denk- und Gefühlskategorie von den Juden als „die Feinde der Menschheit" hält sich von Paulus zu Luther über Hitler bis heute und zeigt sich im Internet als Verschwörungsphantasie und globaler Vernichtungswille, wie im Folgenden anhand empirischer Forschungsergebnisse erörtert wird. Zwischen Kontinuität und Wandel erweist sich das Konstante beim Chamäleon Antisemitismus als stärkere Eigenschaft.

3. Multiplikator und Katalysator Internet: Antisemitismus im digitalen Zeitalter

Das Internet als fünfte Gewalt: Virtuelle und reale Welt in einem Universum
Im 21. Jahrhundert nimmt die Internetkommunikation eine so herausragende Rolle in der Gesellschaft ein, dass das Internet oft als „fünfte Gewalt" bezeichnet wird, um auszudrücken, wie sehr das Web 2.0 mit seinen meinungsbildenden und informationssteuernden Prozessen das kollektive Bewusstsein prägt. 80–85% der deutschen Bevölkerung nutzen das Internet regelmäßig, oft täglich. Bei den 12- bis 19-Jährigen sind es 99%. Ein Großteil dieser Nutzer verwendet das Web in erster Linie zum Informations-, Beziehungs- und Identitätsmanagement. Eine Umfrage unter 50.000 Usern in 26 Ländern zur Nutzung sozialer Medien belegt, dass 51% der 18–24 Jahre jungen User auch Facebook – und nicht die traditionellen, seriösen Leitmedien – benutzen, um Nachrichten über Weltgeschehnisse und nationale Politik zu erhalten. Für 12% dieser Altersgruppe ist Facebook offenbar sogar die einzige Quelle als Nachrichtenportal (s. u. a. Digital News Report Reuters 2017).

Die sogenannte virtuelle Welt des World Wide Web und die reale, physische und soziale Welt lassen sich aber nicht trennen; beide stehen in einer wechselseitigen Symbiose. Mediatisierung und Verwobenheit des Alltags mit dem Internet sind konstitutiv für das moderne Leben. Das Netz erzeugt nicht den Hass, sondern spiegelt wider, was in den Köpfen der realen Benutzer und ihrer Alltagswelt präsent und wichtig ist. Zugleich fließen Prozesse, die Hassbotschaften intensivieren, aus dem digitalen Informationskosmos in die Realität. Bekannt ist, dass sich heute Extremisten jedweder Richtung im Internet austauschen und aggressive Handlungen wie auch terroristische Aktivitäten planen. Dass geistige Gewaltexzesse und Verrohungstendenzen im Netz allgemein Einfluss auf konkretes Verhalten haben können, ist bei aller Zurückhaltung in Bezug auf schnelle Hypothesen als gesichert anzusehen. Nicht nur, weil schon oft User, die sich im Internet radikalisiert haben, physische Gewalt ausgeübt haben, sondern vor allem, weil Hasssprache nachweislich neuro-kognitive Prozesse im Gehirn verändert und insbesondere das limbische System (das neuronal für emotionale Bewertungen verantwortlich ist) aktiviert und prägt. Zahlreiche kognitions- und neurowissenschaftliche Untersuchungen zeigen die Veränderung der neuronalen Aktivität, wenn besonders aggressive und pejorative Wörter benutzt oder rezipiert werden.[21] Für das Gehirn macht es kaum einen Unterschied, ob Gewalt physisch oder geistig erfahren wird. Es werden dieselben Areale aktiviert. Je häufiger Hasssprache gehört oder gelesen wird, desto stärker sind neuronale Impulse und Bahnungen. Die Gewalt der Sprache belegt die Macht der Sprache.[22]

Internetkommunikation ohne Mäßigung: Hasssprache, Körperlosigkeit und unbekannte Dritte

„Wenn dich die Meinung nicht interessiert du zionistische Stück scheisse was machst du auf dieser Seite ? Du dreck Mensch fuck off das ist deine Antwort geh wo anders Selbstgespräche führen scheiss Zionisten Schwein was du bist" [EB_twitter_cey_07-08-2018]

Dass zunehmend Hass und Hetze in Superlativkonstruktionen das Netz überschwemmen, hängt mit der spezifischen Sprachproduktionssituation zusammen, in der Hassbotschaften erstellt und abgesendet werden. Der PC- oder Smartphone-Kontext simuliert Privatheit und lässt zum Zeitpunkt des Schreibens das Bewusstsein für die breite Zugänglichkeit der Veröffentlichung in den Hintergrund treten. Die Anonymität, die von vielen Nutzern in Anspruch genommen wird, gibt das Gefühl der Sicherheit, ohne Konsequenzen prinzipiell alles kommunizieren zu können. Aber auch User, die nachweislich ihren wirklichen (Klar-)Namen angeben, lassen sich beim Schreiben ihrer Texte von dieser für die private Kommunikation typischen Komponente beeinflussen. Dies hängt mit der „Körperlosigkeit" zusammen: Das Eintippen von Schrift erzeugt eine Distanzhaltung, es gibt kein Gegenüber aus Fleisch und Blut, kein alter Ego, sondern man wendet sich mit der Verwendung von Hasssprache[23],

21   S. hierzu u. a. Soral et al. 2018, Friedmann 2018 und Chunyan 2018.
22   Hier ist natürlich zu beachten, dass sowohl Prädisposition als auch aktuelle Bedürfnislage zu berücksichtigen sind. Allein die Beschäftigung mit verbaler Gewalt macht Menschen noch nicht zu Hassenden, sonst würde mein gesamtes Projektteam jetzt aus hasserfüllten, aggressiven Antisemiten bestehen. Kausale Zusammenhänge zwischen Hasssprache und Deutungsrahmen sowie Bahnungen im Gehirn sind also nie monokausal. Dies klingt in populärwissenschaftlichen Abhandlungen zum politischen Framing oft an.
23   Verbal-Antisemitismus umfasst dabei alle Äußerungen, mittels derer Juden direkt oder indirekt, intentional und nicht-intentional über Stereotypzuweisungen kollektiv als Juden entwertet, stigmatisiert, diskriminiert und diffamiert werden. Dazu gehören auch die indirekten Formen der Umweg- und Camouflagekommunikation, bei der judeophobe Stereotype auf Israel projiziert werden. S. Schwarz-Friesel/Reinharz 2013: Kap. 3 sowie Schwarz-Friesel 2015.

also einem Sprachgebrauch, der Menschen vor allem als Zugehörige von Gruppen diskriminiert und attackiert, an namenlose, unbekannte Dritte. Das subjektive Gefühl verbindet sich so mit einem völlig losgelösten, hoch abstrakten Kommunikationsprozess. Die Informationsverarbeitungsformen des Web 2.0 ermöglichen es allen Nutzern ohne Aufwand oder Hürden und ohne Furcht vor Sanktionen, aus der passiven Rezipientenrolle heraus aktiv zum Produzenten zu werden. Die Artikulation der hasserfüllten Äußerungen bedient dabei zusätzlich das emotionale Bedürfnis, die eigene Einstellung öffentlich zu machen; zudem dient sie auch der Gewinnung von Zustimmung. Die sich gegenseitig bestärkenden Kommentatoren schaffen sich somit ihre eigene Identifikationsbasis und können zusätzlich hoffen, dass ihre „Argumentation" bei anderen Nutzern Überzeugungsarbeit leistet. Zügelnde Einflüsse und soziale Hemmungen werden abgebaut, ein kollektiver Erregungszustand zeigt sich. Im Netz walten nicht die Mäßigungsfaktoren unserer aufgeklärten Zivilisation, hier wütet das elementare Gefühl Hass. Jede Hassbotschaft schürt bei manchen Usern noch den Reiz, diese zu überflügeln. Online-Aktivitäten sind hoch emotionale Prozesse. Aus diesem Spannungsverhältnis, zwischen köperloser abstrakter Interaktion und konkreter Gefühlsauslebung, ergibt sich die besondere Disposition der digitalen Hasskommunikation. Beim Judenhass kommt – wie sich in den gleichförmigen und semantisch fast identischen Äußerungen zeigt – der kollektive Gefühlswert, der kulturell über das kommunikative Gedächtnis aktiv geblieben ist, intensivierend hinzu (s. hierzu das Kap. zu Affektlogik).

Zugänglichkeit, Verbreitung und Normalisierung von Judenhass in den Sozialen Medien

„scheiß juden" [EB-twitter_mar_11-08-2018], Twitter
„Die Zionistenclans sind die Pest der Welt" [EB_YT_Rothschilds_20130903_A1], Youtube
„Grass musste sterben, weil er die Wahrheit über die Juden sagte" [EB_FB_Grass_20171212], Facebook

Das Internet ist als Kommunikationsraum für die schnelle, multiple, globale und unkontrollierte Verbreitung und Rezeption von Hass und Verschwörungsphantasien der primäre Multiplikator und Intensivierer für Antisemitismus. Das Web 2.0 bietet mit seinen Charakteristika historisch nie dagewesene Möglichkeiten der Ausbreitung von Judenfeindschaft. Beschleunigungs- und Intensivierungsprozesse multimodaler und ungefilterter Informationen prägen die Netzkommunikation und erhöhen zugleich das Persuasionspotenzial der Nachrichten. Durch die Mischung von Texten, Bildern, Videos und Audios sowie Provokation, Witz, Ironie, Spannung entsteht ein hohes Emotionspotenzial, das gerade junge User affektiv erreichen kann (z. B. in Rap-Songs). Das Beeinflussungspotenzial liegt dabei primär in den Kommunikationsräumen und -portalen, die alltägliche Anknüpfungspunkte an die Lebenswelt anbieten: in gruppen- und identitätsstiftenden Diskursen wie Fan- und Diskussionsforen, Ratgeberportalen und sozialen Netzwerken. Diese werden mittlerweile gezielt von Usern mit antisemitischen Einstellungen infiltriert, um möglichst breit judeophobe Botschaften im Web zu streuen und mittels zahlreicher Verlinkungen massenhaft zu verbreiten. So werden die antisemitischen Inhalte über das Web multipel kodiert; mit Hilfe von Hashtags gelingt zudem eine Verschlagwortung von Stereotypinhalten (s. z. B. #KindermörderIsrael und #gazamassacre), die der Vernetzung von Beiträgen zum selben Thema dienen und auf diese Weise auch den Effekt von Filterblasen und Echokammern verstärken. Infiltriert werden so auch erheblich Kampagnen, die sich um Aufklärung und Bekämpfung von Antisemitismus und Israelhass bemühen (s. Punkt Solidaritätskorpora). Die Netzkommunikation beschleunigt somit sowohl Tradierung als auch Akzeptanz von judenfeindlichen Inhalten. Die Sicht- und Hörbarkeit von klassischer Judenfeindschaft ist seit Jahren integraler und typischer Bestandteil der Online-Informationsstrukturen, ist Teil der Netzwerkkultur.

Gerade junge User erleben im Web keine Grenzen mehr zwischen informationsvermittelnden und rein meinungsbeeinflussenden, persuasiven Textsorten: Diese Zuordnungs- und Klassifikationsprobleme bewirken Intransparenz und Orientierungslosigkeit in Bezug auf die Kategorie der Faktizität. Was ist wahr, was ist falsch? Für Menschen ohne entsprechendes Wissen bleibt die Antwort entweder völlig nebulös oder sie wird strikt auf eine Deutungsvariante festgelegt.

Hass via Internet: Zur Omnipräsenz von Antisemitismen im Web 2.0

„Warum sind die Juden so gehasst?" Google-Suche; Antwort. „Na weils eben Juden sind" [ZU_Juden_Google.de_S1_L8]

Die Allgegenwart des Antisemitismus 2.0 ist ein charakteristisches Kennzeichen der Kommunikationsstruktur des World Wide Web. Ganz gleich, ob Informationen für den Schul- oder Uni-Aufsatz gesucht werden, ob politischer Meinungsaustausch zum Nahostkonflikt gewünscht oder schlicht eine Homepage zum Thema „Tiere in Israel" besucht wird, ob man sich über die NS-Zeit erkundigen möchte, in den Online-Büchershops surft, Videos anschauen will, an einer Diskussion über einen Gesangswettbewerb teilnehmen oder ein Star Trek Fanclub-Mitglied sein möchte: Die Infiltration der alltäglichen Kommunikationsräume durch judeophobe Verschwörungsphantasien und Antisemitismen ist allgegenwärtig und typisch für die Netzkultur 2.0. Flankiert werden die alltäglichen Kommunikationsplattformen mit ihren oft indirekten Hass-Ausprägungsformen von Seiten in den Sozialen Medien, die eigens eingerichtet wurden, um die Verbreitung radikaler judenfeindlicher und de-realisierender Anti-Israel-Narrative zu propagieren und zugleich identitätsstiftend und meinungsverstärkend als Echokammern zu fungieren. So z. B. bei „FuckIsrael", „Fuck-Zionism" und „DeathtoIsrael", aber auch diversen Blogs und bestimmten BDS-Seiten (#BDS, #IsraelSanktionieren), „Palästina Portal" oder „Muslim-Markt". Kein Nutzer muss in die extremistischen „Dark Nets" oder auf die Blogs und Seiten von Populisten, Extremisten und Islamisten gehen, um wüste Hasstiraden, krude Verschwörungsphantasien über die „jüdisch-zionistische Weltmacht" oder Morddrohungen sowie Verwünschungen im Sinne des eliminatorischen Antisemitismus zu lesen. Normale Informationsportale und Suchprogramme, Blogs und Foren, YouTube-Kommentarbereiche und Online-Presse-Portale der seriösen Leitmedien mit ihren Twitter-, Facebook- und Kommentarbereichen verhindern es nicht flächendeckend, dass Antisemitismen und antiisraelische Hass-Narrative unkontrolliert und oft ohne effektive Gegenrede verbreitet werden. Antisemitische Äußerungen, Bilder und Videos überschwemmen das Netz, jeden Tag kommen neue Antisemitismen hinzu. So sind es vor allem die harmlos anmutenden Seiten und sozialen Netzwerke der normalen User, die auf den ersten Blick weder politisch noch ideologisch ausgerichtet sind, die verantwortlich für eine Normalisierung des Antisemitismus im Internet sind. Diese sind aufgrund der breiten Partizipation die primären Multiplikatoren und da der Hass dort oft in seiner pseudo-rationalen Variante oder in indirekten Sprechakten kodiert wird, wird ihre Gefahr unterschätzt. Die Omnipräsenz von Judenhass im digitalen Kommunikationsraum auch nicht-extremistischer alltäglicher Diskursbereiche ist ein

Novum, das alle sozialen Institutionen in Politik, Justiz und Zivilgesellschaft vor neue Herausforderungen stellt.

Das Web 2.0 als kontrollresistenter und affektgesteuerter Kommunikationsraum

„juden sind blutsauger wie dracula!" [DAF_FB _2014.09.14_145]
„Scheiß auf diese satanischen, zionistischen Kindermörder Juden!!!" [MA_YT_IW_S1]

Tabuisierungsmuster, Prinzipien der politischen Korrektheit und sozialen Erwünschtheit, aber auch die üblichen konventionellen Normen der Höflichkeit und der Affektregulierung sind in vielen Bereichen der Netzkommunikation ausgeschaltet. Sie verlieren im Netz ihre Bedeutung und fungieren nicht mehr als Regulatoren der Mäßigung und Rücksichtnahme. Die im öffentlichen Kommunikationsraum noch weitgehend funktionierende kognitive Kontrollinstanz, die sozial verpönte oder als unangemessen empfundene Äußerungen bei der spontanen Sprachproduktion unterdrückt oder abschwächt, wird bei der Online-Hasskommunikation nicht mehr zugeschaltet. Entsprechend sinkt die Hemmschwelle, judenfeindliche Äußerungen offen zu artikulieren und sie mit einem Klick für Tausende in wenigen Sekunden sichtbar zu machen. Demgemäß haben die Intensitätsparameter[24] bei Hass- und Gewaltartikulationen Spitzenwerte. Der Ton ist an Radikalität nicht mehr zu überbieten:
„Ich werde euch im KZ Auschwitz feierlich vergasen! Eure Frauen werde ich zu Tode vergewaltigen. Das wird ein Genuss! Ihr elendiges Pack bekommt genau das, was ihr verdient. Das deutsche Volk wird aus dieser ethnischen Säuberung groß und gereinigt hervorgehen! Ihr jüdisches Pack! Judentum ist Verbrechertum. Juden sind zum töten da" (StudiVZ; 02.08.2008 um 18:33 Uhr; mittlerweile gelöscht).

„Feiges Dreckspack. Wollt ihr bis zur Unkenntlichkeit gezüchtete menschliche Abartigkeiten sehen? Schaut nach Palästina, wo diese von Rothschild

---

24 Emotionen werden nach drei Parametern klassifiziert (s. hierzu das Kapitel zur antisemitischen Affektlogik): Wertigkeit (positiv oder negativ), Dauer (temporär oder zeitlich lang anhaltend) und Intensität (niedrig oder hoch).

gezüchteten Parasiten ihre kranken Triebe ungestört ausleben können."
[EB_fb_pre_07-01-2019]

Das Netzwerkdurchsetzungsgesetz (NetzDG) hat sich bislang als weitgehend untauglich erwiesen, den Online-Hass gegen Juden einzudämmen oder zu verhindern. In der Regel werden nur explizite und drastische Formen der Volksverhetzung (als Holocaustleugnung) und nicht die indirekt und camoufliert kodierten Formen erfasst, die heute typisch und habituell für Verbal-Antisemitismus sind. Bestimmte Chiffren und Symbole (z. B. verbal der Name Rothschild und bildlich der Davidstern) evozieren im Kontext judeophober Argumente gezielt antisemitische Lesarten, ohne dass nur einmal das Wort Jude benutzt wird.

Diese viel benutzte Camouflagepraxis sowie die unkomplizierte und freie Zugänglichkeit zu Kommunikationsbereichen mit manifesten Hass-Äußerungen und deren unkomplizierte Verbreitung haben nicht nur international zu einer exorbitanten Ausweitung des Sagbarkeitsfeldes und der öffentlichen Kommunikationsräume für Hasssprache geführt, sondern in der Tendenz auch zu ihrer Normalisierung.[25] Die ernüchternde Faktenlage ist: Die digitale Gesellschaft ist nicht auf dem Weg, sich an Antisemitismus zu gewöhnen, sie hat sich schon in weiten Teilen daran gewöhnt.

Tatort Sprache: Unterschwellige Botschaften und Gewöhnungseffekte

„Unfassbar aber die Israelis haben aus unserer gemeinsamen Geschichte nix gelernt aber zum glück wir sonst würde ich hier noch genauer werden!!!" [MTFB_20140731_211]

Antisemitische Botschaften werden nicht nur explizit als Hasssprache gepostet, sondern vielfach implizit. Nach 1945 hat sich eine ganze Subkom-

---

25 Dabei spielt die Anonymität im Web nicht die einzige Rolle: Verbale Radikalisierungstendenzen sind seit 2009 auch im E-Mail-Korpus, wo viele Schreiber ihre Hassbotschaften mit Namen und Anschrift an den ZJD und die IBD senden, zu konstatieren. Im Web 2.0 finden die User zugleich eine große Community, die ihre Antisemitismus reaktiv bestätigen und die judenfeindliche Einstellung affektiv unterstützen. Filterblasen und Echokammern im Web 2.0 sind daher maßgeblich mitverantwortlich für die Konsolidierung und Normalisierung von Antisemitismen.

munikation von indirekten Sprachhandlungen[26] entwickelt, die über Andeutungen judenfeindliches Gedankengut verbreiten, also die gerade angesprochene Camouflagetechnik benutzen: Die radikalen Inhalte sind versteckt in entradikalisierten Formen. Durch das Zwischen-den-Zeilen-Vermittelte werden wesentlich mehr Menschen erreicht, da vulgär-explizite Hassbotschaften nicht jeden ansprechen. Zudem schützen sich die Sprachproduzenten vor eventuellen Sanktionen. Statt explizit auf Juden und Judentum zu verweisen, werden referenziell bewusst vage gehaltene Paraphrasen wie „die Banker von der Ostküste", „jene einflussreichen Kreise", „die Finanzoligarchie", oder „die gewisse Religionsgemeinschaft in unserem Land" benutzt. Besonders oft werden die Wörter Zionisten und Israeli(s) als Synonyme für Jude(n) verwendet. Über eine referenzielle Verschiebung und semantische Einengung wird auf „Israel", die „Israel-Lobby", die „Zionisten" referiert, aus dem Kontext aber wird ersichtlich, dass eigentlich alle Juden gemeint sind. Nach dem Pars-pro-toto-Prinzip wird so kommuniziert, dass diese auch weiterhin als Symbol für alles Unglück der Menschheit fungieren. Eine andere Form ist die Kodierung und das Arrangieren von Versatzstücken, intertextuellen Bezügen, Sprichwörtern, Namen, Schlagworten, die unmittelbar mit Juden und Judentum assoziiert werden wie „Auge um Auge", „das alttestamentarische Gesetz der Rache", „die bekannte Rachsucht eines bestimmten Volkes", „Rothschild", „Goldman Sachs". Aus der judeophoben Phantasie von der jüdischen Macht, die weltweit die Fäden zieht, wird „die Finanzlobby" oder die „Israel-Lobby", die alles lenke:
„Es spielt sich alles so ab, nach Plan der Zionisten. Presse ist unter jüdisch-zionistischer Kontrolle, Finanzwelt ist unterwandert, die Wahrheit macht der Lüge Platz. Kriege werden geführt usw." [EB_twitter_hei_28-08-2018]

---

26   Indirekte Sprechakte verlaufen immer nach dem Prinzip: Es wird x gesagt, aber y gemeint. Es gehört zur Kompetenz eines jeden sprachbenutzenden Sprechers/Hörers, bestimmte Implikaturen zu ziehen. Durch kommunikative Fähigkeiten, Kontext und Weltwissen wird das Gemeinte dieser Äußerungen in der Regel problemlos verstanden. Es besteht eine „doppeldeutige Eindeutigkeit". Wie Sprach- und Kognitionswissenschaften der letzten Jahrzehnte empirisch nachgewiesen haben, handelt es sich bei Implikaturen keinesfalls um subjektive mentale Prozesse, sondern um systematisch und gezielt ablaufende Schlussfolgerungen. Da aber die Sprachproduzenten sich immer auf das explizit Gesagte zurückziehen können (Ich habe x gesagt, nicht y), ist es juristisch schwieriger, sie als Verbalinjurien zu verurteilen. Allerdings sind viele dieser Kodierungsformen mittlerweile so einschlägig bekannt und werden so oft benutzt, dass man in der Antisemitismusforschung seit längerem fordert, diese als eindeutig antisemitisch zu bewerten.

Der Topos des jüdischen Weltenübels mit der intensiven Dämonisierungsdimension wird kommuniziert als „Israel ist das Übel der Welt":

„sie wollen alle Völker, Kulturen, Religionen der Erde abschaffen um dann ihren Zionistischen Weltstaat zu errichten. Dazu haben sie bereits schon 2 Weltkriege angezettelt + Palästina + 9/11 und den Krieg gegen den Islam planen sie ja bereits..." [MA_YT_WW_2_S6]

Sehr oft werden mittels rhetorischer Fragen in den entsprechenden Kontexten judeophobe Lesarten vermittelt wie in: „Wer bestimmt denn bei uns Medien und Banken?" Indirekte NS-Vergleiche in Bezug auf Juden sind ebenfalls eine viel benutzte Variante: Ein Satz wie „Die Deutschen haben aus der Vergangenheit gelernt, die Israelis nicht!" enthält im Zusammenhang mit der Anschuldigung, Israel würde unverhältnismäßige Gewalt im Konflikt mit den Palästinensern anwenden, folgende Andeutungen: ‚Es handelt sich um die NS-Vergangenheit' (da nur diese im Kontext relevant ist), ‚Juden haben allgemein aus ihrer Erfahrung als Opfer nichts Universelles für den humanen Umgang mit Menschen gelernt' (da Israelis gar keine NS-Vergangenheit haben, erfolgt zwangsläufig die kollektive Gleichsetzung von Israelis und Juden), ‚Die Opfer von gestern sind die Täter von heute', und ‚Juden benutzen exzessive Gewalt'. Die Variante „Die Deutschen haben aus der Vergangenheit gelernt, die Juden nicht!" taucht im israelbezogenen Antisemitismus ebenfalls sehr oft auf. Hier verlaufen die Schlussfolgerungen zusätzlich über die Implikatur ‚Die Israelis sind Juden' und ‚Für Juden ist dieses gewalttätige Verhalten typisch'. Zudem wird eine Differenzkonstruktion, d.h. die Abgrenzung von Deutschen und Juden tradiert. Der indirekte NS-Vergleich enthält damit neben dem Stereotyp ‚Juden sind keine Deutschen' einerseits eine Verurteilung von Juden und andererseits in Bezug auf die Gräueltaten der Deutschen eine Entlastung mit den Implikaturen ‚Heute wiederholen Juden solche Grausamkeiten' und ‚Die Deutschen sind heute ein geläutertes Volk'. Sprache wird auf diese Weise auch dann zum Tatort, wenn sie unterschwellige Hassbotschaften überträgt. Da gerade diese impliziten Formen auch außerhalb des Netzes in der Alltagskommunikation die häufigste Variante des Verbal-Antisemitismus darstellen, ist ihre Beobachtung und Dechiffrierung von großer Wichtigkeit.

Vor allem Kinder und Jugendliche, die sich viel im Netz bewegen, und noch keine Kenntnisse über Judenfeindschaft besitzen, können nachhaltig durch die unterschwelligen Botschaften beeinflusst werden. Dies hat mehrere Gründe: Erstens sind die indirekten Formen aufgrund ihrer grammatischen Entradikalisierung nicht so klar als antisemitisch zu erkennen wie ein explizites „Juden sind ein grausames Volk". Die impliziten Bewertungen werden quasi nebenbei aktiviert. Zweitens tauchen sie wiederholt in Kontexten auf, in denen man keine Judenfeindlichkeit erwartet, und habitualisieren somit auch im nicht politischen oder ideologischen Kontext judenfeindliche Stereotype. Drittens kann allein die Menge an (expliziten und impliziten) antisemitischen Beiträgen im Web den Eindruck erwecken, die vermittelten Botschaften seien für die Mehrheit repräsentativ und hätten ihre Berechtigung. Da sie in den meisten Fällen ohne Korrektur oder Gegenrede stehen (bleiben), kann dies maßgeblich zur Verfestigung antisemitischer Denkweisen führen.

„Für gerechten Frieden": Camouflage und Versteckspiele, um inhaltliche Radikalität formal zu vertuschen

„Die jüdische Elite hat die Asylantenflut zur Auslöschung der Völker Europas ganz gezielt von langer Hand geplant" [EB_honigmann_07-10-15]

Auch radikale und extremistische Verfasser nutzen oft eine Camouflagetechnik bei ihren Präsentationen im Web, um möglichst breit User anzusprechen und nicht von vornherein abzuschrecken. So finden sich hinter harmlos klingenden Bezeichnungen wie „Der Volkslehrer" manifeste Holocaustleugnungen. Der „Honigmann", der viele Jahre einen Blog betrieb mit niedlichen Bienenbildchen, verbreitete klassische Stereotypkodierungen, Holocaustleugnungen, krude Verschwörungsphantasien und Geschichtsrevisionismus.[27] Seine Anhängerschaft preist ihn im Netz als

---

27 Auf https://wissenschaft3000.wordpress.com/2018/03/04/die-letzten-nachrichten-vom-honigmann-ernst-koewing-nachruf/ findet sich als Würdigung nach seinem Tod im Februar 2018: „Sein Lebenswerk, der Blog ‚derhonigmannsagt.org', vorher ‚derhonigmannsagt.wordpress.com', hat ihn zu einem der Großen in der Aufklärer-Szene werden lassen. Mit über 83 Millionen Aufrufen fand er auch im Ausland hohe Anerkennung und wurde in Deutschland der größte Blog – und somit den Herrschenden ein Dorn im Auge." Auch die Kommentare der User sind einschlägig: „Mein letzter Dienst an den HonigMann", „Dem HonigMann zur Ehr, den Deutschen zur Wehr."

„mutigen Aufklärer, der sich nicht scheute, die Wahrheit zu sagen". Hinter dem Ausdruck „Friedensjuden" verstecken sich radikale Verfasser von hasserfüllten Diffamierungen und Boykottaufrufen, die teils typisch linksextremistische „Gesellschaftskritik", teils rechtsextremistische Propaganda verlauten lassen. Linker Antisemitismus benutzt vielfach positiv konnotierte Schlagworte sowie wohlklingende Phrasen wie „Stimme für gerechten Frieden" und „für Frieden und Völkerverständigung". Fast immer verbergen sich radikale anti-israelische Positionen dahinter, die auch die Boykottbewegung BDS unterstützen, die keinen gerechten Frieden wollen, sondern die Diffamierung und letztlich die Auflösung des jüdischen Staates Israel.

In rechtspopulistischen Texten (s. z. B. Compact, Elsässers Blog) werden radikale Botschaften zumeist mittels indirekter Sprechakte kodiert.[28] Statt Juden sind es ‚die Zionisten und die Israellobby, die die Welt beherrschen'. Der AFD-Politiker[29] Gedeon, ein Arzt, der bereits durch antisemitische Verschwörungsphantasien aufgefallen ist, postet mit seinem seriös klingenden Titel als Dr. Wolfgang Gedeon auf seiner Facebook-Seite Texte über die „zionistische Lobbyorganisation" und ruft zum „MUT ZUR WAHRHEIT!" auf. Im Interview mit dem Holocaustleugner „Der Volkslehrer" über den Paragraphen 130 StGB (Volksverhetzung) kommt er zu der Aussage: „Das ist vor allem ein zionistischer Paragraf, dieser 130er."[30] Gedeon spricht sich des Weiteren für Boykottmaßnahmen gegen Israel aus.[31]

Stets wird betont, man bekenne sich vor allem zu Meinungsfreiheit und Wahrheit.

Die formalen Entradikalisierungen und vielen affirmativen Kommentare der User können gerade bei jungen und unerfahrenen Personen den Eindruck erwecken, es handele sich um berechtigte und faktische Meinungsäußerungen.

---

28 S. hierzu auch den Elsässer-Ditfurth-Prozess. Die deutschen Gerichte konnten keinen Antisemitismus in den Texten Elsässers erkennen, obgleich ein umfangreiches Fachgutachten aus der Antisemitismusforschung die zahlreichen Antisemitismen transparent gemacht hatte.

29 Bei anderen AFD-Politikern und Ähnängern finden sich wiederholt judeophobe Anmerkungen u. a. zu George Soros (dessen Name heute – ähnlich wie Rothschild – als Chiffre für ‚jüdische Geldmacht' benutzt wird). S. hierzu auch zum Pegida-Antisemitismus Stender 2015.

30 S. https://www.youtube.com/watch?v=OuzeaHf2hmU&fbclid, ab Min. 41:27 (zuletzt aufgerufen: 20.02.2019).

31 S. Resolution zu einer deutschen Israel-Politik, eingebracht zum Bundesparteitag der AfD (2.–3.12.2017), http://www.wolfgang-gedeon.de/2017/11/resolutionen-bundesparteitag (zuletzt aufgerufen am 20.02.2019).

4. Judenfeindschaft und der lange Atem der Geschichte: Ergebnisse der Korpusanalysen

Zur Zunahme von Antisemitismen im Web 2.0 in den Online-Pressekommentaren

Ich wollte zunächst überprüfen, ob sich allein quantitativ eine Veränderung von Antisemitismen im Netz zeigt, ob also der gefühlte Anstieg auch einer tatsächlichen Zunahme entspricht. Auch diese Korpusanalyse erfolgte „per Hand", d. h. jeder einzelne Kommentar wurde individuell analysiert, denn Computerprogramme, die nach Schlagworten suchen, erfassen nicht die Spezifik von Antisemitismen und lassen insbesondere die impliziten Formen außen vor. Dass insgesamt die Zahl der Online-Nutzer seit 2007 stark zugenommen hat, tangiert dabei die Befunde nicht. Die Subkorpora aus den jeweiligen Gesamtmengen der Texte belegen, dass im Laufe von 10 Jahren wesentlich mehr antisemitische Kommentare zu jüdischen oder israelischen Themenberichten gepostet und nicht gelöscht werden: Immer mehr User stoßen also in den öffentlichen Kommunikationsbereichen des Internets auf immer mehr Antisemitismen.

Die über Jahre erfolgten Untersuchungen zum Anstieg von antisemitischen Texten betreffen die Kommentarbereiche der Online-Qualitätsmedien von 2007 bis 2017. Dabei wurden überregionale Nachrichtenportale von Online-Ausgaben der Zeitungen berücksichtigt (Welt, Focus, Spiegel, FAZ, SZ, Tagesspiegel, taz). Dieser Kommunikationsbereich wurde gewählt, um eine alltägliche und als weitgehend seriös geltende Diskursform, die vor allem vom Mainstream benutzt wird und durch die jeweils zugehörige Redaktion einer Kontrolle unterliegt, als Korpus zu haben. Vier große Stichproben aus den Jahren 2007, 2012, 2014 und 2017 sowie zwei kleinere Stichproben aus 2009 und 2010 wurden gezogen und analysiert. Die 1.318 Kommentare aus dem Jahr 2007 beziehen sich auf die Oettinger-Filbinger-Affäre[32] (Zeitraum

---

[32] Im Fokus der Täter-Opfer-Umkehr steht v.a. das Selbstmitleid der deutschen Schreiber und ihr verletzter Nationalstolz angesichts der Schande der Vergangenheit. Holger Braune untersuchte in seiner Dissertation 10.306 Leserbriefe der Printmedien Welt, SZ, Tagesspiegel, Tageszeitung und Spiegel, die zwischen 2002 und 2005 zur Diskussion um den israelfeindlichen Flyer von Möllemann sowie zu Äußerungen von Friedmann und Wolfssohn veröffentlicht wurden. 9,2% der über Zehntausend Kommentare wiesen judenfeindliche Stereotype auf. Eine in meinem Projekt erhobene Stichprobe von 300 Leserbriefen in denselben Printmedien im Zeitraum 2012 bis 2014 zu Themen mit Fokus Israel belegte 17,2% Antisemitismus. Es ist insgesamt eine deutliche Verschiebung der Israelisierung der antisemitischen Semantik zu konstatieren: 2007 finden sich in den 1.318 Texten lediglich 7 Treffer zu Israel. Ab 2012 steigt der israelbezogene Judenhass auch in Texten ohne Nahost-Bezug exorbitant an und erreicht dort Mittelwerte von über 30%.

11.04. – 16.04.2007), in denen es um die NS-Vergangenheit des ehemaligen Ministerpräsidenten Filbinger geht. Das Subkorpus zu 2009 ist eine Auswahl von 380 analysierten Kommentaren zur Gaza-Krise um die Militäroperation „Gegossenes Blei", bei der das israelische Militär gegen die Hamas vorging[33]. 2010 umfasst 198 kodierte Kommentare (Zeitraum 03.02. – 08.02.2010) zur in den Medien weniger stark thematisierten Ankündigung von Charlotte Knobloch (ZJD), nicht für eine weitere Amtszeit zu kandidieren. Dieses Subkorpus wurde berücksichtigt, da es zeigt, dass selbst neutrale, weitgehend unpolitische Verlautbarungen des ZJD zum Anlass genommen werden, Antisemitismen zu artikulieren. Das Korpus der Kommentare zur Ankündigung der Präsidentin hat zudem einen direkten Bezug zum Zentralrat der Juden in Deutschland und zeigt, wie klassische judenfeindliche Stereotype (JUDEN ALS FREMDE, STÖRENFRIEDE) auf den Zentralrat projiziert werden (s. hierzu das Schuster-Korpus-2015). 2012 betrifft die Beschneidungsdebatte mit einem Subkorpus von 1.119 Kommentaren und 2014 die Gaza-Krise mit einem Subkorpus von 1.000 Kommentaren aus 2.166 Texten. Das Korpus aus 2017 mit 994 analysierten Texten (aus insgesamt 1.950 Kommentaren) fokussiert Texte der Kommentarbereiche der Webseiten von Qualitätsmedien und deren Facebook-Seiten zum Eklat beim Israelbesuch von Sigmar Gabriel. Somit haben alle untersuchten Subkorpora einen thematischen Bezug zu Juden, Judentum, Israel. Die Ergebnisse belegen dabei eine Vervierfachung von Antisemitismen.

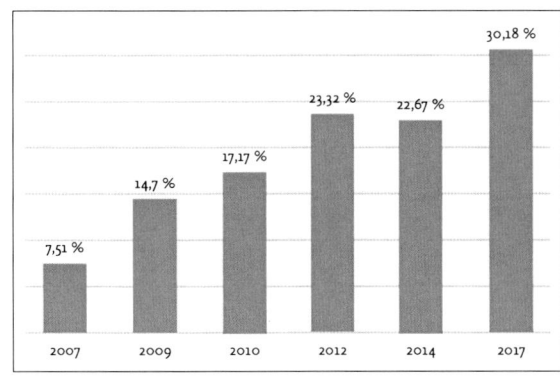

Abbildung 1:
Zehn-Jahres-Vergleich

---

[33] Die Operation „Gegossenes Blei" löste weltweit eine Welle antisemitischer Manifestationen aus. Es kam zu Gewalttaten und Vandalismus gegen jüdische Personen sowie jüdischen Privat- und Gemeinschaftsbesitz. Registriert wurde auch ein Zuwachs an Drohungen, Beleidigungen, Schmierereien und antisemitischen Demonstrationen.

Im 2007-Korpus steht vor allem der Überdruss, an die NS-Zeit und den Holocaust erinnert zu werden, im Fokus der antisemitischen Äußerungen. Mit 52% sind die Post-Holocaust-Stereotype JÜDISCHE UNVERSÖHNLICHKEIT, JUDEN MACHEN DEN DEUTSCHEN SCHULDVORWÜRFE und JUDEN ALS MORALAPOSTEL die häufigsten Stereotype.[34] Beklagt wird ein fehlendes Recht auf Meinungsfreiheit bzw. ein angebliches Kommunikationsverbot gegenüber Juden und dem Zentralrat. Gefordert wird eine Schlussstrichsetzung (Beendigung der SONDERBEHANDLUNG DER JUDEN IN DEUTSCHLAND und der SCHULDZUWEISUNGEN AN DIE DEUTSCHEN). Israel wird dabei nur selten erwähnt. Auch hält sich die verbale Aggressivität und Hassrede in Grenzen, kaum werden Dämonisierungs- und Tiermetaphorik oder NS-Vergleiche genutzt (vgl. hierzu den Punkt Radikalisierung). Der Anteil klassischer Stereotype liegt aber mit 40% hoch.

In den folgenden Jahren verschiebt sich die konzeptuelle Symbiose von PHA- und KlA-Stereotypen dann zunehmend in Richtung KlA- und IA-Stereotype, und der israelbezogene Antisemitismus zeigt sich als dominante Ausprägung (s. Tabelle 2).

In weiteren Untersuchungen standen inhaltliche und kommunikative Aspekte im Vordergrund: Welche Stereotype werden in welchen Kombinationen artikuliert, welche Argumente zur Herabsetzung von Juden benutzt, welche Strategien eingesetzt?

---

34 Dies ist kompatibel mit den Ergebnissen zum E-Mail-Korpus (Schwarz-Friesel/Reinharz 2013). Die Zuschriften (wobei die Mehrheit der Schreiber der gesellschaftlichen Mitte bzw. rechtskonservativen Mitte zuzuordnen sind), die im Zuge der Filbinger-Diskussion 2007 an den Zentralrat der Juden gesendet wurden, enthalten primär Post-Holocaust-Stereotype (60%), die zusammen mit klassischen Antisemitsmen (28%) kombiniert werden. JUDEN NUTZEN DEN HOLOCAUST AUS ist dabei das dominante Stereotyp, gekoppelt an JUDEN SIND RACHSÜCHTIG. Israelbezogene Antisemitismen sind mit 12% vertreten und werden in Täter-Opfer-Umkehr-Argumentationen zur Schuldabwehr benutzt. Der Überdruss, erinnert zu werden, ist vorrangig. Das Stereotyp des Kritiktabus spielte 2009 noch eine untergeordnete Rolle, findet sich aber ab 2010 mit 23% und ab 2012 (insbesondere seit den Debatten um die israelfeindlichen Verbal-Antisemitismen in den Kolumnen von J. Augstein und G. Grass) mit einem Mittelwert von 28% wesentlich häufiger.

Judenhass im Reload: Qualitative und quantitative Korpusanalysen zu Themenfeldern und Diskursbereichen

Die Symbiose von klassischem und israelbezogenem Antisemitismus: Das Korpus Gaza-2014

„Ach was? Die Mehrzahl der JUDEN? Die will doch gar keinen FRIEDEN! Haben ihn noch NIE gewollt! Google mal „SABRA&SHATILLA! Da siehste in BILDERN, WER die JUDEN wirklich sind! Und was ihre POLITIKER (Terrorrist Ben Gurion, Verbrecher Ariel Sharon etc..) am ALLERLIEBSTEN machen: ‚ARABER abschlachten'!"
[GAZA_Focus_ 20140712_wolffsohn-zwischen-kritik]

Im Zeitrahmen 12.06.2014 bis 31.08.2014 wurden durch den Crawler 22.200 User-Kommentare der Webseiten von taz, Spiegel, Focus, Tagesspiegel, der Facebook-Seite der Süddeutschen Zeitung, der Facebook-Seite des Zentralrats der Juden in Deutschland, YouTube und FAZ gespeichert. Ein Subkorpus aus 2.166 Texten wurde dann mit MAXQDA einer ausführlichen Analyse unterzogen. 22,67% der Kommentare weisen antisemitische Äußerungen auf, wobei israelbezogene Stereotype (STAATSRASSISMUS, UNRECHTSSTAAT, LANDRAUB), mit 46,03% überwiegen. Dieses Ergebnis ist angesichts der thematischen Verortung des Korpus im Gaza-Konflikt 2014 nicht überraschend. Dementsprechend knüpfen auch die klassischen und Post-Holocaust-Stereotype überwiegend an Israel an. Auffällig ist jedoch, dass klassische Stereotype mit 40,36% insgesamt dreimal so häufig vorhanden sind wie Post-Holocaust-Stereotype mit 13,61%.

Die häufigsten Stereotype sind nach ihrer relativen Häufigkeit in %: UNTERDRÜCKERSTAAT (21,1), JÜDISCHE AGGRESSION, KRIEGSLUST, BRUTALITÄT (11,0), UNRECHTSSTAAT (4,6), RITUALMORD, KINDERMORD (4,4), WELTVERSCHWÖRUNG/WELTHERRSCHAFT (3,5), KRITIKTABU (3,5), LÜGNER (3,5), LANDRAUB (2,9), RACHE, VERGELTUNG (2,8). Das Konzept des WELTENÜBELS wird in 1,4% der öffentlichen Kommentare kodiert.

Stereotyp-Art	Gesamt	KlA-Stereotype	PHA-Stereotype	IA-Stereotype
Anteil in %	100%	40,36%	13,61%	46,03%

Tabelle 1: Stereotypverteilung im Gaza-2014-Korpus

Da User in einem Drittel aller Kommentartexte auf mehr als eine Form des Antisemitismus zurückgreifen, und somit multiple Stereotypkodierungen auftreten, wurde analysiert, welche Mehrfachkombinationen besonders häufig sind. Dabei zeigte sich, dass israelbezogene Stereotype mit 59,0% und klassische Stereotype mit 43,9% dominant in verschiedenen Kombinationen auftreten, Post-Holocaust-Stereotype dagegen nur mit 20,0% in multiplen Kodierungen vertreten sind.

Gesamtzahl von Kommentaren mit Stereotypen	481	
Anteil von Kommentaren mit		
klassischen Stereotypen	211	43,9%
Post-Holocaust-Stereotypen	96	20,0%
israelbezogenen Stereotypen	284	59,0%
klassischen und Post-Holocaust-Stereotypen	32	6,7%
klassischen und israelbezogenen Stereotypen	100	20,8%
Post-Holocaust- und israelbezogenen Stereotypen	49	10,2%
Kombination aus allen Stereotyp-Gruppen	22	4,6%

Tabelle 2: Multiple Stereotyp-Kombinationen in Texten[35]

Die Kombination von klassischen und israelbezogenen Stereotypen ist mit 20,8% doppelt so hoch wie die Verbindung von Post-Holocaust-Stereotypen und israelbezogenen Stereotypen (10,2%). Die am wenigsten häufige

---

35 Diese Daten beziehen sich auf die Grundgesamtheit aller Kommentare, in denen verschiedene Stereotyp-Formen auftreten. Dadurch, dass mehrere Stereotype aus unterschiedlichen Kategorien innerhalb eines Kommentars vorliegen, ergeben sich mehr als 100%. Da nicht alle Stereotypkategorien in Kombination mit einander vorliegen, ergeben sich hierfür keine 100%. Die relativen Angaben stehen dabei immer im Verhältnis zur Grundgesamtheit der kodierten Kommentare.

Verbindung ist mit 6,7% die zwischen klassischen und Post-Holocaust-Stereotypen.

Dabei wird transparent, wieweit die aktuellen Manifestationen von Judenhass kognitiv auf kulturell tradierten antisemitischen Stereotypen und emotional auf kollektiven Gefühlswerten basieren und somit die „neue Form" nicht neu, sondern lediglich eine Re-Aktivierung der kollektiv verankerten Konzeptualisierung ist und auch der israelbezogene Antisemitismus[36] dem uralten, typischen Adaptionsmuster von Judenhass folgt, diejenige Form des Judentums zu diskreditieren, die zeitgemäß im Fokus der Aufmerksamkeit steht und deren Diffamierung opportun ist.

In Ergänzung zu den Gaza-2014-Daten der Online-Presse-Kommentare wurde ein weiteres, umfangreiches Korpus zum Diskursthema *Israel* quantitativ und qualitativ untersucht, um durch eine weitere Kodierung die Ergebnisse zu validieren.

Gelöschte und veröffentlichte Kommentare: Korpus meta-Tagesschau-Gaza-2014

„Verdammt Die Jüdischen!" [MTFB_20140806_136]

Das Subkorpus Tagesschau-Gaza-2014 setzt sich zusammen aus insgesamt 6.301 Kommentaren mit Bezug zum Gaza-Konflikt 2014. Der erste Teil (MT) besteht aus 4.766 Kommentaren, die aufgrund von Verstößen gegen interne Richtlinien von der Redaktion nicht veröffentlicht wurden und Dank der Redaktion von meta.tagesschau.de unserem Forschungsprojekt exklusiv zur Verfügung standen. Ein zweiter Teil (MTO) besteht aus 822 auf meta.tagesschau.de veröffentlichten Kommentaren. Und ein dritter Teil (MTFB) setzt sich aus 713 Kommentaren zusammen, die auf der Facebook-Seite der Tagesschau formuliert wurden. Die für die Analyse berücksichtigten Online-Beiträge erstrecken sich über den Zeitraum von Juli bis August 2014. Bei einem ersten Analyseschritt wurden diese Kommentare auf verbal-antisemitischen Inhalt geprüft und dabei 2.475 (51,93%) der nicht veröffentlichten Kommentare (MT) als eindeutig verbal-antisemitisch eingestuft, da sie explizit judenfeindliche Inhalte ausdrücken.

---

36 S. hierzu Schwarz-Friesel/Reinharz, 2013, Kap. 7.

Die Anteile bei den veröffentlichten Kommentaren (36,13%) auf meta.tagesschau.de und auf Facebook (32,26%) zeigen jedoch, dass auch im öffentlichen Kommunikationsraum massiv Antisemitismen verbreitet werden können, ohne gelöscht zu werden. Dies macht deutlich, wie schwierig bzw. unmöglich es ist, allein mit einer Netzwerkpolitik des „Löschens" das Problem der Antisemitismentradierung zu unterbinden. Im zweiten Analyseschritt wurden 1.066 der verbal-antisemitischen Kommentare einer inhaltlichen Detailanalyse unterzogen: Insgesamt wurden hier 1.888 antisemitische Stereotyp-Artikulierungen kodiert. Davon sind 62,55% israelbezogene antisemitische (IA) Stereotype, 33,16% klassisch-antisemitische (KlA) Stereotype und 4,29% Post-Holocaust-antisemitische (PHA) Stereotype.

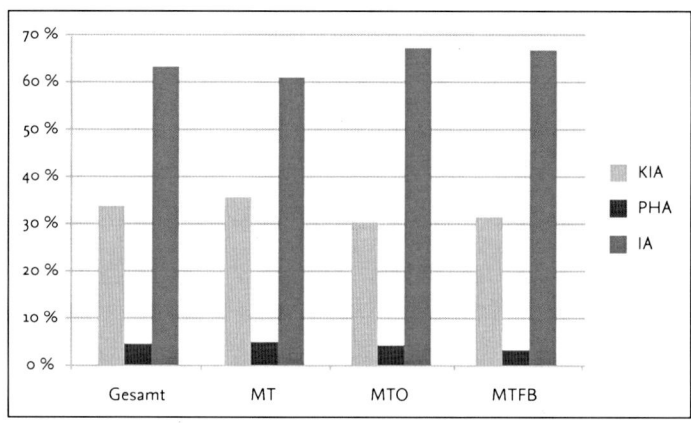

Abbildung 2: Anteil der Stereotyp-Arten im Korpus meta-Tagesschau-Gaza 2014

Diese Tendenz im Verhältnis zwischen KlA, PHA und IA Stereotypen konnte sowohl auf meta.tagesschau.de in den nicht veröffentlichten Kommentaren (MT), den veröffentlichten Kommentaren (MTO) wie auch in den zusätzlich untersuchten Kommentaren auf facebook.com/tagesschau (MTFB) festgestellt werden.

Dies bestätigt die Befunde der Studie zu den Kommentaren der Online-Presse: Post-Holocaust-Stereotype spielen in vielen Bereichen eine marginale Rolle beim aktuellen Antisemitismus (s. aber das E-Mail Korpus IBD/ZJD), dominant sind die klassischen Stereotype in Verbindung mit israelbezogenem Judenhass.

Es ist zu konstatieren, dass der Holocaust keine Zäsur darstellte, in dessen Folge die klassischen Stereotype der alten Judenfeindschaft weniger

Verwendung finden.[37] Vielmehr verbinden sich in den Antisemitismen gegenwartsbezogener und historisch geprägter Judenhass, wobei Israel die primäre Projektionsfläche für diesen Hass geworden ist.[38] Zu erklären ist diese konzeptuelle Symbiose und kommunikative Verschiebung zum einen dadurch, dass dem israelbezogenen Judenhass der geringste Widerstand in Politik, Justiz und Zivilgesellschaft entgegengesetzt wird. Zu ausgeprägt sind Debatten um „Meinungsfreiheit" und „politische Kritik", um „Grauzonen", die auch von der Forschung als unzweideutig antisemitisch identifizierte Äußerungen nicht klar als solche kritisieren und sanktionieren. Zum anderen korreliert diese Akzeptanz mit einem anti-israelischen Narrativ, das seit 2009 die massenmediale Medienberichterstattung prägt.[39] Bei den Gaza-Korpus-Studien stellte sich die Frage, ob medial fokussierte Krisen im Nahostkonflikt zu Israel generell besondere Eruptionen von Antisemitismenproduktion auslösen und ob die quantitativen und qualitativen Merkmale typisch für einen israelbezogenen Empörungsantisemitismus seien.

Es wurden daher auch Kommentarbereiche der Qualitätspresse zu Themen untersucht, die keinen Bezug zum Nahostkonflikt oder zu Israel hatten, um im Vergleich sehen zu können, inwieweit sich hierbei Unterschiede bzw. Gemeinsamkeiten finden.

Klassische Judenfeindschaft und Juden als „rückständige Kindesmisshandler": Das Korpus zur Beschneidungsdebatte 2012

„...ist ein freies, offenes und tolerantes Land, wo jede noch so obskure Sekte Sonderrechte einfordern und ihr Unwesen treiben darf. Alles schön unter dem Deckmantel der Religionsfreiheit...." [BS_2012_10_03_Focus_1]

37   Diese Ergebnisse decken sich mit den Beobachtungen von Oboler 2016 zum US-amerikanischen Web.

38   Stichproben-Analysen zu Facebook-Kommentaren mit Bezug auf Anschläge in Israel im Jahr 2016 im meta-Tagesschau-Bereich (Thema „Anschlag in Tel Aviv: Israel reagiert mit aller Härte" und im DLF-Kommentarbereich zu „Tel Aviv – Israel verschärft nach Anschlag Sicherheitsvorkehrungen") belegen zudem auch dort die insgesamt für das Web typische semantische Radikalisierung, die sich u. a. in der Verwendung von dämonisierenden Metaphern, dehumanisierenden Ausdrücken und Gewaltandrohungen zeigt.

39   S. hierzu Beyer 2016; aus journalistischer Sicht s. Schapira/Hafner 2010 und Schapira/Hafner 2015.

Dabei wurde zunächst die Beschneidungsdebatte aus dem Jahr 2012 berücksichtigt. Während dieser Debatte wurden verschiedene Gerichtsurteile sowie Debatten und Beschlüsse des Bundestags kontrovers diskutiert. Das Gesamtkorpus umfasst 6.430 Kommentare aus 59 Dokumenten (insgesamt 37.060 Types und 586.883 Token) aus den Jahren 2012–2013 und besteht aus Kommentaren zu Online-Artikeln der Qualitätspresse (ZEIT, Spiegel, Fokus, FAZ, FR, SZ, Handelsblatt sowie Einträgen auf der Facebook-Seite des ZJD).

Das ausführlich mit MAXQDA analysierte Subkorpus umfasste 1.119 Kommentare. 261 Kommentare wurden als antisemitisch klassifiziert. Das entspricht einem Wert von 23,32%. Die Antisemitismen weisen eine exorbitante Dominanz klassischer Stereotype auf: 72,77% KlA, 24,34% PHA und 2,89% IA.

Stereotyp-Art	Gesamt	KlA-Stereotype	PHA-Stereotype	IA-Stereotype
Anteil in %	100%	72,77%	24,34%	2,89%

Tabelle 3: Stereotypverteilung im Beschneidungs-Korpus-2012.

Das Judentum wird durch Ausdrücke wie „rückständige Religion einer Sekte", „atavistisch" und „brutal" diskreditiert. Es finden sich zahlreiche Verweise auf die alte Blutkultlegende[40] zusammen mit Entwertungen des Judentums:

„… die religiösen Fanatikern erlaubt ihre Kinder einem Blutriual zu unterziehen ?! Knabenblut soll fließen. Für alten Opferkult." [BS_2012_10_03_Focus_4]

Das Lexem Antisemitismus (334), beziehungsweise der Wortstamm *antisem** wird nahezu ausschließlich in Verbindung mit Abwehrstrategien verwendet,

---

40 Der Vorwurf, Juden würden Blutkultrituale und -morde an Kindern begehen, lässt sich historisch exakt erstmals anhand des Falls William von Norwich im März 1144 terminieren (hat aber womöglich wesentlich früher seine Wurzeln im frühen, vormittelalterlichen Anti-Judaismus (s. hierzu ausführlich Rose 2015)). Seitdem wird dieses Phantasma bei jeder Gelegenheit reaktiviert. Im 21. Jahrhundert findet sich dieses imaginierte Konzept v.a. im arabisch-muslimischen Raum rekontextualisiert und modernisiert: Israel wird dann vorgeworfen, „muslimische Kinder im Blutrausch und mit Bombardierungsorgien zu ermorden".

d. h. die Schreiber leugnen, antisemitisch eingestellt zu sein. Der Wert des PHA ist in diesem Zusammenhang ausgeprägter, da viele der Schreiber anführen, „aufgrund des Holocausts mache die Politik Zugeständnisse" und „man dürfe das Judentum nicht kritisieren".

Frequent artikulierte Stereotype sind KINDESMISSHANDLUNG (28,1%), RÜCKSTÄNDIGKEIT (16,6%), ZUGESTÄNDNISSE (11,3%), JUDEN ALS FREMDE (7,7%), KRITIKTABU (6,9%), SKRUPELLOSIGKEIT (6,2%) und HOLOCAUSTAUSBEUTER (4,5%). Bei den multiplen Stereotypkombinationen sind vorherrschend die Stereotype der KINDESMISSHANDLUNG und der ANDERSARTIGKEIT/FREMDHEIT in Verbindung[41] mit den israelbezogenen, thematisch nicht relevanten Stereotypen des UNRECHTS- UND UNTERDRÜCKERSTAATES.

Es zeigt sich, dass auch bei Diskussionen, die keinen semantischen Bezug zum Nahostkonflikt oder zu Israel haben, israelfeindliche Konzepte mit klassischem Judenhass gekoppelt und ausgedrückt werden. Obgleich das Thema in keiner inhaltlichen Nähe zum Thema *Israel* steht, finden sich 173 Treffer zu Israel in 139 Kommentaren. Insofern *Israel* in den Kommentaren erwähnt wird, steigt der antisemitische Anteil der Texte von 23,32% auf 41,01%. Dies belegt insgesamt die „Israelisierung der Semantik" des aktuellen antisemitischen Diskurses.[42] Israel wird von Antisemiten als KOLLEKTIVER JUDE konzeptualisiert und als Projektionsfläche für die Artikulation von Antisemitismen benutzt. Es ist keineswegs nur der Konflikt zwischen Israelis und Palästinensern, der judeophobe, auf Israel bezogene Äußerungen aktiviert, sondern jedes Diskursthema, das mit Juden und Judentum assoziiert wird.

Als prototypische Äußerungen klassifiziert geben die folgenden drei Beispiele Einblick in die antisemitischen Argumentationsmuster des Beschneidungsdiskurses im Web:
„Traurig genug, dass Körperverletzung an nicht zustimmungsfähigen Kindern bei uns unter dem Deckmantel bronzezeitlicher und mittelalterlicher Religion so lange erlaubt war." [BS_2012_06_27_YouTube_12]

---

41 Auf Facebook-Seiten und Zuschriften an die israelische Botschaft spiegelte sich diese Symbiose von klassischen und israelbezogenen Stereotypen z. B. in Äußerungen wie „wer seine eigenen Kinder skrupellos misshandelt, tötet auch ohne Bedenken palästinensische Kinder" (IBB-Na_11.7.2012) wider.

42 S. hierzu Schwarz-Friesel 2016, Schwarz-Friesel/Reinharz 2017.

„Kann man sowas wirklich noch Regierung nennen was wir haben, die religiösen Fanatikern erlaubt ihre Kinder einem Blutriual zu unterziehen ?! Was für ein schwacher Staat ist das in dem wir leben, der es nicht mal schafft die Schwächsten in der Gesellschaft, Babys und Kleinkinder zu schützen !? Wir werden von feigen Heuchlern regiert und da ist jetzt eine bewiesene Tatsache !!!" [BS_2012_10_03_Focus_4]

„Zitat: „Die Beschneidung ist ein Sieg über Hitler. Wir sind noch da. Wir leben." Ich fass es nicht. Zudem: Ich dachte vorher wurde auch schon beschnitten, tausende Jahre lang? Worüber war es dann ein Sieg? Die Perser vielleicht? Ne, ernsthaft. Immer wieder die Nazi-Keule gegen die nichtjüdischen Deutschen ist doch auch keine Lösung mehr. Langsam langweilts. Aber so ist es leider, wenn nix mehr hilft (und welche Argumente hat mans schon für's institutionalisierte Kinderquälen?), dann ist's eben die Nazi-Keule. Gut, dass es nicht mehr ganz so funktioniert. Leider aber immer noch zu gut, denn der ‚politischkorrekte' links-orientierte Gutmensch springt ja auf solche Vorwürfe (bzw. wenn nur die Gefahr eines solch erhobenen Vorwurfs im Raume stehen könnte) sofort an und dem Kläger hechelnd beiseite. Traurig. Politische Korrektness dient als Rechtfertigung zum Kinderquälen." [BS_2012_08_23_FR_8]

Es besteht eine große Uniformität der Argumentationsstrukturen aufgrund der von fast allen Kommentatoren benutzten identischen Stereotype. Dass diese Muster unabhängig von jeweiligen Themenschwerpunkten auftreten, zeigt auch die komparative Analyse zu den E-Mails: Anlässlich der Kritik an Grass' israelfeindlichem Gedicht wurden Hunderte von Texten an die Israelische Botschaft in Berlin gesendet, die die für den antisemitischen Sprachgebrauch typische Verknüpfung tradierter Stereotypmuster mit aktuellen Bezügen (KINDERMORD, BLUTKULT, WELTVERSCHWÖRUNG, ARROGANZ, LÜGE, PERVERSE RELIGION) kommunizierten:
„Betreff:: Frohe Ostern auf israelisch
Stecken Sie Grass nicht zur Feier des jüdischen Blutfestes Pascha in ein Mossad KZ! Schlachten Sie nicht in einem rituellen Pascha Rausch palästinensische Kinder ab! Man muss ja nicht alles machen, was ein perverses Religionkonstrukt gebietet(.)" [IBD_05.04.2012_Jes_001]

Die Texte zur Beschneidungsdebatte zeigen, dass judenfeindliches Gedankengut tief verwurzelt ist und dass mittelalterliche Stereotype bei aktuellen Anlässen reproduziert werden (s. hierzu auch Ionescu 2018). Es wurde ein weiteres Web-Korpus aus Kommentaren der Qualitätsmedien und Facebook-Seiten analysiert, um das Ergebnis durch zusätzliche Daten empirisch zu bestätigen, dass erstens nicht nur der Nahostkonflikt die Antisemitismenproduktion intensiviert und zweitens, dass auch bei Diskussionen, die keine semantische Nähe zum Nahostkonflikt oder zu Israel haben, israelfeindliche Konzepte mit klassischem Judenhass gekoppelt und artikuliert werden.

‚Deutsche Juden als Störenfriede': Kommentare zur Schuster-Rede[43] 2015

„Israelischen Rassismus und seine Apartheidspraktiken sollten wir nicht importieren. Mit rechtem Gedankengut sind wir in Deutschland schon ganz gut ausgelastet." [Schuster_taz_20151123_Rassismus im ZJD]

Die thematische Auswahl des Korpus richtete sich (wie auch beim Korpus zur Beschneidung) nach der Überlegung, dem Gaza-2014-Korpus ein Korpus gegenüberzustellen, das im Hinblick auf das Diskursereignis keinen direkten Bezug zu Israel oder dem Nahostkonflikt aufweist. Das Untersuchungsobjekt bilden User-Kommentare auf den Webseiten von taz, Spiegel, Focus, Tagesspiegel, des jetzt.de-Blogs der Süddeutschen Zeitung, des Twitter-Eintrags zum diesbezüglichen Artikel der Süddeutschen

---

[43] Im November 2015 gab der Präsident des Zentralrats der Juden in Deutschland (ZJD), Josef Schuster, in einem Interview mit der Tageszeitung Die Welt sinngemäß seinen Befürchtungen Ausdruck, dass mit der Aufnahme einer so großen Zahl von Flüchtlingen v. a. aus Syrien Menschen nach Deutschland kommen, die die manifest antisemitischen Einstellungen, die in ihrer Herkunftsgesellschaft unter der Bevölkerungsmehrheit verbreitet sind, mitbringen und somit das gesellschaftliche Klima in einer Form verändern könnten, die sich schließlich als bedrohlich für Juden herausstellen könnte. In diesem Zusammenhang dachte er über Obergrenzen der Zuwanderung nach, da sonst aufgrund von Überforderung die nötige Integrationsarbeit nicht mehr geleistet werden könne. Das Stichwort der Obergrenze löste eine Debatte aus, in der Schuster einerseits unterstellt wurde, er würde das Leid der Flüchtlinge übergehen und zudem einem xenophoben Diskurs in die Hände spielen, und er andererseits von der Rechten als Beleg für die Angemessenheit ihrer Positionen vereinnahmt wurde.

Zeitung und der Facebook-Seite des Zentralrats der Juden in Deutschland.[44] Auf diesen Medienseiten wurden im Untersuchungszeitraum vom 23.11.2015 bis 07.12.2015 (Zeitpunkte des ersten und letzten Beitrags) die zur Schuster-Debatte erschienenen Kommentare vollständig erfasst. In dem Zusammenhang wurden zu zehn Medienbeiträgen 977 Web-Kommentare gespeichert. Von der Gesamtzahl der Kommentare wurden 354 (36,23%) Kommentarbeiträge im Hinblick auf verschiedene verbal-antisemitische Phänomene systematisch untersucht. Von den insgesamt 354 vollständig kodierten Kommentartexten weisen 16,67% antisemitische Äußerungen auf. 10,8% der Kommentare setzten sich kritisch, aber nicht antisemitisch mit der Rede auseinander, verbalisieren also keine judeophoben Stereotype.

Insgesamt dominieren auch in diesem Korpus die klassisch-antisemitischen Stereotype mit 44,44%. Post-Holocaust-Stereotype sind mit 32,41% vertreten (was auf den Fokus ZJD zurückzuführen ist, der primär als MAHNER[45] und MORALAPOSTEL konzeptualisiert wird). Mit 23,15% sind jedoch auch die israelbezogenen Stereotype signifikant vertreten (angesichts eines Diskursthemas, das keine Verbindung zu Israel beinhaltet, ist dies bemerkenswert) und die Verbindung von klassischen und israelbezogenen Stereotypen ist mit 15,3% wesentlich stärker ausgeprägt als die Kombination von Post-Holocaust- und israelbezogenen Stereotypen mit nur 3,4%.

Stereotyp-Art	Gesamt	KlA-Stereotype	PHA-Stereotype	IA-Stereotype
Anteil in %	100%	44,44%	32,41%	23,15%

Tabelle 4: Stereotypenverteilung im Schuster-2015-Korpus.

---

44 Bei der FAZ waren die Kommentare zum Zeitpunkt, an dem sie abgerufen werden sollten, nicht mehr verfügbar. Kommentare unter YouTube-Videos wurden nicht in das Korpus einbezogen, da es keine Videos gibt, die zentral auf das Thema Bezug nehmen und zugleich relevante Besucherzahlen (mehr als 1000 Aufrufe) verzeichnen konnten. Das Korpus weicht demnach in einigen Punkten vom Korpus für den Gaza 2014-Konflikt ab: Auf der Facebook-Seite der Süddeutschen Zeitung fanden sich keine Kommentare zum Thema und an Stelle dieser wurden Kommentare von den SZ-Publikationen auf jetzt.de und unter der Verlinkung des SZ-Artikels auf Twitter aufgenommen.

45 Diese Konzeptualisierung (JUDEN ALS MAHNER) ist auch im Knobloch-2010-Korpus dominant.

Bei den Stereotypverbalisierungen treten besonders häufig die Stereotype Juden haben nicht aus der Geschichte/Holocaust gelernt, Juden als Israelis/Juden als Fremde, Israel ist selbst Schuld am Antisemitismus, Unterdrückerstaat, Kritiktabu an Juden bzw. Israel, Instrumentalisierung von Antisemitismus und Illoyalität gegenüber Heimatland bzw. Loyalität gegenüber Juden/ Israel auf. 57,4% dieser Stereotypvorkommen sind allgemein auf Juden bzw. den ZJD bezogen, 42,6% Stereotypverbalisierungen auf Israel. Es zeigt sich eine konzeptuelle Ausweitung und Übertragung in den Antisemitismen: Ein Thema, das ursprünglich nur Josef Schuster betrifft, wird zum einen kollektiv auf alle Juden ausgedehnt und zum anderen ausgeweitet auf Israel.

„Die Offizielle Politik Israels ist eine Politik der Gewalt ‚des landraubes ‚permanenten Völkerrechts Bruch und Vertreibung. Wer sich dagegen wehrt wird als Antisemit oder Terrorist bezeichnet und zum Feind Israels erklärt." [Schuster_FB_ ZJD_20151123_Diskussion zu Begrenzung]

Diese Übergeneralisierungen und Elaborationen sind insgesamt typisch für Kommentare, die sich auf Verlautbarungen des Zentralrats beziehen. Sie belegen die semantische Symbiose von Juden- und Israelfeindschaft, die auf den Stereotypen der klassischen Judenfeindschaft basiert. Der Zentralratspräsident wird als Störenfried und Heuchler klassifiziert. Diese Entwertung wird dann auf alle Juden projiziert, seine Haltung zu Israel benutzt, ihm und allen jüdischen Deutschen eine Kollektivschuld am Nahostkonflikt zuzuschieben.

Auch diese Korpusanalyse zeigt also, dass sich in Kommunikationsbereichen zu Themen, die nichts mit dem Nahostkonflikt oder Israel zu tun haben, dennoch Verweise auf den jüdischen Staat finden, in der Funktion, generell Juden und Judentum zu diskreditieren und zu entwerten. Zudem zeigen die abfälligen Bemerkungen und Polemiken gegen die Beschneidungspraxis die alten Muster der traditionellen Judenfeindschaft, die z. B. im 19. Jahrhundert gegen das koschere Schächten vorgebracht wurden.

Besonders auffällig zeigt sich die Infiltrierung von Antisemitismen ausgerechnet in Kommunikationsbereichen, in denen im Web aktiv gegen Antisemitismus und zu Solidaritätsaktionen aufgerufen wird.

Korpus Solidaritätsaktionen und Gegen-Narrativ: „Nie wieder Judenhass", „Berlin trägt Kippa" und „Demo zum Aufruf gegen Antisemitismus"

„Die Juden werden doch nicht umsonst seit hunderten von Jahren überall auf der Welt gehasst. Sie sind raffgierig und sie sind für viele der Kriege verantwortlich, welche die USA führ(t)en." [DAF_FB 201409146]

Eine Stichprobenanalyse zu Twitter- und Facebook-Kommentaren anlässlich des Aufrufs „Nie wieder Judenhass"[46] hat zunächst gezeigt, dass sich zahlreiche User abwehrend gegenüber dieser Aktion verhielten und Antisemitismen posteten. Daher wurde eine umfangreiche Korpusanalyse durchgeführt, um detaillierter Aufschluss zu erhalten, wie sich Webnutzer verhalten, wenn sie mit Gegenrede zu Antisemitismus konfrontiert werden.

Das Korpus setzt sich aus insgesamt 5.745 Kommentaren zu drei verschiedenen Solidaritätsaktionen zusammen, die auf Facebook-Seiten verschiedener deutscher Zeitungen veröffentlicht wurden. Die Kommentare zu den Aktionen „Demo zum Aufruf gegen Antisemitismus" (Korpus DAF; 14.09.2014) sowie „Nie wieder Judenhass" (Korpus NWJ; 24.07.2014) stammen ausschließlich von der Facebook-Seite der Bild. Kommentare zur Aktion „Berlin trägt Kippa" (Korpus BTK; 24.-26.04.2018) entstammen der Berliner Zeitung, der Berliner Morgenpost sowie der Zeitung Der Tagesspiegel.

Konstatiert werden muss, dass die Infiltration dieser, auf Aufklärung und Bekämpfung von Judenhass zielender Diskurse durch Antisemitismen und Antisemitismusabwehr[47] besonders stark ausgeprägt ist. In den

---

[46] Dieser Aufruf wurde initiiert anlässlich der massiven anti-israelischen Demonstrationen mit antisemitischen Parolen und Plakaten in mehreren deutschen Städten während der Gaza-2014-Krise. Eine Solidaritätskundgebung fand am Brandenburger Tor statt, zu der zwar zahlreiche Politiker kamen, ansonsten aber die Zivilgesellschaft nicht mobilisiert werden konnte, ein Zeichen gegen Judenhass zu setzen.

[47] Äquivalente Abwehr mit gleichzeitiger Antisemitismenartikulation findet sich stets auch in Kommentarbereichen zu Ergebnissen der Antisemitismusforschung (s. hierzu auch Schwarz-Friesel 2015). So antwortete eine Userin auf einen Tweet der DIG Berlin zu einem Vortrag über israelbezogenen Antisemitismus: „Kritik an Israel ist nicht Antisemitismus", obgleich im Vortrag die Unterscheidung zwischen beiden Sprachhandlungen erörtert wurde. Und ein im Web aktiver linksextremer Pro-Palästina-Aktivist den mittlerweile gelöschten Text: „... viele D-Juden unterstützen den Faschismus u Rassismusvon Juden. Widerlich!" (Zugriff am 28.05.2018, https://twitter.com/digev_/status/1000690968205684737?lang=de).

Texten von NWJ sind 38,22% antisemitisch, in DAF 37,21% und in BTK 15,28%. Die Texte weisen zudem ein hohes Emotionspotenzial mit intensiven Hassbekundungen auf und verbreiten mehrheitlich klassische Stereotype (im NWJ-Korpus mit 47,80%, im DAF mit 76,38%, in BTK mit 63,45%; s. Tabelle 5)

Korpus	KIA-Stereotype	PHA-Stereotype	IA-Stereotype	AS %
NWJ	47,80%	11,01%	41,19%	38,22%
DAF	76,38%	11,31%	12,31%	37,21%
BTK	63,45%	13,20%	23,35%	15,28%
Mittelwert	62,54%	11,84%	25,62%	30,24%

Tabelle 5: Stereotypenverteilung im Solidaritäts-Korpus 2014 und 2018.

Es finden sich Antisemitismen wie:
„juden sind blutsauger wie dracula!" [DAF_FB 2014.09.14_145]

und im NWJ-Korpus mit 5,08% und im DAF-Korpus mit 5,28% auch eliminatorischen Antisemitismus mit Vernichtungsphantasien:
„Tod den Juden" [NWJ_FB_15_S3], „Bomben Auf Israel ☺" [NWJ_FB_12_S3], „Ich gehe auch auf die Straße , und zwar wenn die ganzen Juden vernichtet sind" [DAF_20140914_S55]

Häufig werden die Stereotype MÖRDER und KINDERMÖRDER verbalisiert (in NWJ mit 14,3%, in DAF mit 12,3%), um Israel oder Juden zu diskreditieren; weitere häufig artikulierte Stereotype sind Medienkontrolle/Macht (in BTK mit 9,64%, in NWJ mit 9,2%)
„Weil Bild den Juden gehört heisst noch lange nicht das mann diese Verbrecher von Juden nicht Hassen soll!!!!" [NWJ_FB Bild41AD]

und JUDEN SIND SELBST SCHULD AM ANTISEMITISMUS (9,6%). Besonders häufig wird im BTK-Korpus mit 16,24% das Stereotyp JUDEN ALS FREMDE, das seit Jahrhunderten auf der Differenzkonstruktion Juden (ALS DIE ANDEREN) versus nicht-Juden basiert.

Gegen-Narrative zu Antisemitismus im Web, die als Aufrufe zu Solidaritätsbekundungen gepostet werden, rufen besonders intensiv und affektiv

Reaktionen in Form von Antisemitismenartikulation hervor. Dabei ist der klassische Judenhass stets die stärkste Ausprägungsvariante und wird in Symbiose mit israelbezogenem Antisemitismus artikuliert. Es zeigt sich dabei zudem, wie Antisemitismus und Antisemitismusabwehr Hand in Hand gehen.

Vulgaritäten und Verschwörungsphantasien: Das Kollegah-2017-Korpus[48]

„die juden sind das größte drecksvolk! Jeder der sich ein bisschen mit dem nahostkonflikt auseinandersetzt weiß das, die penner sollen mal ihr maul halten." [Kollegah_20170203_YouTube_RapSlap, Deutschrap News]

Das Korpus besteht aus Texten von User-Kommentaren aller Webseiten, die zu dieser Thematik Artikel veröffentlichten und zu denen Kommentarbeiträge erschienen. Insgesamt handelt es sich dabei um 20 Medienbeiträge. Dazu zählen lokale Presseseiten wie Hessenschau und das Rüsselsheimer Echo sowie deren Facebook-Seiten, überregionale Medien wie Spiegel, Focus und Welt, FAZ, Neues Deutschland und die Jüdische Allgemeine Zeitung sowie die dazugehörigen Facebook-Seiten. Auch Kommentarbeiträge von Rap- und Lifestylemagazinen, wie rap.de und Vice sowie YouTube-Videos der Kanäle hiphop.de, RapSlap und Neo Magazin Royale, wurden in die Korpusdaten aufgenommen. Daneben bildet auch ein Kommentarbereich der Facebook-Seite des Rappers selbst einen Untersuchungsgegenstand. Der Analysezeitraum erstreckt sich über zwölf Tage vom 31.01. bis zum 11.02.2017. Insgesamt wurden zu dieser Thematik 3.418 Kommentare von Usern verfasst, wobei ein Subkorpus von 461 (13,49%) Texten systematisch und detailliert mit MAXQDA untersucht wurde.

48 Für den 57. Hessentag, der als Festveranstaltung vom 9. bis 18. Juni 2017 in Rüsselsheim a. M. stattfand, war eine Rap-Night geplant, auf der u. a. der Rapper Kollegah (Felix Blume) auftreten sollte. Der ZJD, das Zentrum für psychosoziale Hilfe für Überlebende des Holocaust in Israel (I AMCHA), der Landesverband der Jüdischen Gemeinden in Hessen sowie weitere jüdische Organisationen reagierten am 31.01.2017 auf das geplante Konzert mit einem offenen Brief, in dem Kollegah selbst und die Planung seines Auftritts auf einer Veranstaltung wie dem Hessentag kritisiert wird. Der Oberbürgermeister Rüsselsheims, Patrick Burghardt (CDU), trat daraufhin für die Absage der geplanten Rap-Night ein, die infolge einer Abstimmung in der Stadtverordnetenversammlung beschlossen wurde. Kollegah reagierte auf die Absage und die Ausführungen des ZJD daraufhin ebenfalls mit einem Offenen Brief, den er an Daniel Neumann (dem Vorsitzenden der Jüdischen Gemeinde Darmstadt) als Vertreter des ZJD richtete.

Neben der mit 25,8% frequent kodierten Abwehrstrategie der Leugnung „Kollegah verbreitet keinen Antisemitismus" finden sich überwiegend Stereotype des Post-Holocaust-Antisemitismus artikuliert – die Dominanz von PHA findet sich außer in diesem Korpus nur noch im rechtsgerichteten Russia Today (RT)-Korpus[49] sowie klassischen Stereotypen mit 40,2%. Dominant ist hierbei der Vorwurf, dass Juden bzw. der ZJD ‚Antisemitismus instrumentalisieren' würden, indem sie bei jeder Gelegenheit die sogenannte *Antisemitismuskeule* zum Einsatz brächten. In diesem Zusammenhang werden die klassischen Konzeptualisierungen JUDEN ALS FREMDE BZW. ISRAELIS sowie JÜDISCHE DREISTIGKEIT UND FRECHHEIT zum Ausdruck gebracht. Eine semantische Symbiose von klassischen und israelbezogenen Stereotypen kommt mit 9% ebenfalls vor (s. das Beispiel unter der Titelzeile).

Stereotyp-Art	Gesamt	KlA-Stereotype	PHA-Stereotype	IA-Stereotype
Anteil in %	100%	40,18%	50,47%	9,35%

Tabelle 6: Stereotypenverteilung im Kollegah-2017-Korpus.

Auffällig im Kollegah-Korpus ist insgesamt, dass die User auf einen extrem vulgären Stil zurückgreifen, selbst offenkundig manifeste Antisemitismen in den Rap-Songs als „Kunstfreiheit" rechtfertigen und multiple Stereotypkodierungen kommunizieren, die typisch für den rechtsextremen Diskurs sind:
„die juden wurden vor den zeiten der bibel aus jeden erdenklichen afrikanischen oder arabischen staat rausgeworfen weil sie den leuten scheisse andrehen wollten oder wertgegenstände zu „darliegungsgebühren" ausgeliehen haben." [Kollegah_20170203_FB_Vice_Wenn im Backstage Jude]

---

49 In weiteren Stichprobenanalysen (z. B. zu Texten der AfD im Web; s. hierzu auch Stender 2015 zum Pegida-Antisemitismus) zeigt sich, dass die Kommunikation von Post-Holocaust-Stereotypen den rechtsextremen, rechten und rechtspopulistischen Diskurs auszeichnet. Dies hängt mit der politischen und ideologischen Fokussierung auf Nationalstolz und Nationalismus zusammen. Daher ist Erinnerungs- und Schamabwehr in Bezug auf die NS-Zeit stark ausgeprägt. Es finden sich kontinuierlich Marginalisierungen und Relativierungen des Holocaust und der NS-Zeit (s. hierzu entsprechende Äußerungen der AfD-Politiker Höcke zum Mahnmal in Berlin und Gauland zur NS-Zeit). In linken, muslimischen und Texten aus der Mitte überwiegen dagegen stets die klassischen Stereotype (in Verbindung mit israelbezogenem Antisemitismus).

Die Texte spiegeln insgesamt den Glauben an eine jüdische Meinungszensur, an eine jüdisch beherrschte Medienlandschaft und somit klassische Verschwörungsphantasien wider. Damit stehen sie semantisch in Einklang mit den Rap-Texten selbst, die beständig judenfeindliche Klischees kodieren (jüdischer Banker, Rothschild-Macht, jüdischer Zinssatz, Juden von der Börse) sowie Verschwörungsphantasien „Wie lange wollt ihr noch Marionetten sein?"[50] und Holocaustrelativierungen „Mein Körper definierter als von Auschwitzinsassen"[51] gekoppelt an Gewaltverherrlichungen: „Mache wieder mal 'nen Holocaust, komm' an mit dem Molotow Im Hennessy für meine Enemys und lasse deine Family Verbrennen an 'nem Waldrand Parkplatz."[52] Trotz aller Kritik der letzten Jahre an diesen Textmustern halten die meisten Rapper daran fest. Mit Kalkül wird hier im provokativen Stil der Songs antisemitisches Gedankengut an ein junges Millionenpublikum verbreitet. Wie sich dies auf die Rezipienten auswirkt, zeigen die Online-Kommentare sehr deutlich.

Muslimischer Antisemitismus[53]: Dominanz von klassischem Judenhass und religiöser Verankerung

„Verflucht sollt ihr sein juden dreck" [MA_FB_GI_1_S34]
„Sollen die Hunde alle verrecken, nicht umsonst wurden sie schon immer und überall gehasst" [EB_FB 20160608]

Bislang ist die Debatte um islamischen Judenhass entweder von Zurückhaltung geprägt[54] oder sie zeichnet sich durch einen Mangel an empirischen Analysen aus. In meinem Projekt wurde untersucht, wie sich

50 Söhne Mannheims, 2017, Marionetten. In: MannHeim, Söhne Mannheims 2017.
51 Kollegah & Farid Bang, Gamechanger. In: Jung, brutal, gutaussehend, Banger Musik / Alpha Music Empire 2017.
52 Kollegah & Farid Bang, 0815. In: Jung, brutal, gutaussehend, Banger Musik / Alpha Music Empire 2017.
53 Zu „muslimischem Antisemitismus" in der Forschung s. u. a. Webman 2010, Wistrich 2011, Jikeli 2015 und Küntzel 2018.
54 Eine falsch verstandene politische Korrektheit hat bislang zum Teil zu Marginalisierungen des muslimischen Antisemitismus geführt. Gerade dies aber bestärkt das Wählerpotenzial rechtspopulistischer Parteien wie AfD, da diese dem Staat und den Medien eben diese Relativierung vorwerfen und damit viel Widerhall im Netz finden. Eine rationale Auseinandersetzung ist hier dringend geboten.

Muslime im Internet zu Judentum und Israel positionieren, und zwar unaufgefordert und in einem natürlichen Kontext. Das Korpus setzt sich aus insgesamt 2.101 Postings, Kommentaren und Antworten auf Kommentare auf Facebook und YouTube zusammen. Es wurden 16 deutschsprachige Internetauftritte ausgewählt, die aufgrund ihrer Bezeichnung und thematischen Ausrichtung einen Bezug zu einem muslimischen/arabischen/türkischen Umfeld nahelegen, bzw. diesen explizit aufwiesen. Darunter befinden sich fünf Facebook-Seiten und elf YouTube-Kanäle. Aus diesen Internetauftritten wurden mittels der vorhandenen Suchfunktion und den Suchbegriffen „Israel", „Jude(n)", „Jerusalem", „Palästina" einzelne Beiträge (Postings) und Videos extrahiert und die dazugehörigen Kommentare untersucht.

Von den 2.101 untersuchten Kommentaren wurden 954 als Subkorpus von muslimischen Verfassern codiert. Als antisemitisch wurden 418 Texte eingestuft, da diese Kommentare explizit judenfeindliche Stereotype und Verschwörungsphantasien enthielten (z. B. von der JÜDISCHEN WELTMACHT, die die Fäden der Weltpolitik zieht und die Presse in Deutschland determiniere). In vielen Kommentaren werden mehrere Stereotype gleichzeitig kodiert (MEDIENKONTROLLE, VERSCHWÖRUNG gegen Muslime, Täter-Opfer-Umkehr, KINDERMÖRDER). NS-Vergleiche sind frequent: „Deren Hauptziel sind Muslimen/Islam: also Sie werden gesteuert und Hand in Hand mit Juden gegen moslimen und der islam in Deutschland deswgen erscheint jedesmal in den gesteuerten Medien ein hampelmann/Marionette und sagt wort wörtlich der Islam gehört nicht zu Deutschland ! Ihr wisst doch alle das Deutschland kein eigene macht hat wenn um solche tehme geht, was Hitler frühe mit den Juden gemacht hat machen die Juden heute mit dem Palästinesern in Palästina ..." [MA_FB_MS_1_3]

Bei den Stereotyp-Kodierungen fällt auf (und hier sind die Ergebnisse kompatibel mit allen anderen Korpusstudien), dass mit 53,66% in großer Mehrheit die Stereotype des klassischen Anti-Judaismus und Antisemitismus artikuliert werden (JUDEN ALS MÖRDER, VERSCHWÖRER, MACHTMENSCHEN), während lediglich 11,22% Post-Holocaust-Konzepte benutzt werden und 35,12% israelbezogene Stereotype (UNRECHTS- UND UNTERDRÜCKERSTAAT, TEUFELS- UND TERRORSTAAT), die in Kombination mit de-realisierenden NS-Vergleichen, dämonisierenden Metaphern und Hyperbeln sowie Vernichtungswünschen auftreten.

Stereotyp-Art	Gesamt	KIA-Stereotype	PHA-Stereotype	IA-Stereotype
Anteil in %	100%	53,66%	11,22%	35,12%

Tabelle 7: Stereotypverteilung bei der Zuordnung „muslimisch".

Dabei fällt auf, dass israelbezogener Zionistenhass und klassischer Judenhass stets eine Symbiose bilden (und entsprechend uralte Konzepte vom ÜBEL DER WELT kodieren, dies oft mittels Unrats- und Müll-Metaphern).

„Die Zionisten sind das Übel dieser Welt. Diese dreckigen feigen Kindermörder muss man packen und in Schweinescheiße ersticken. Israhell der verdammte HurensohnTerrorstaat......Fickt Euch!!!!!!" [MA_FB_KI_2_S22]

„Ihr Verbrecher, Lügner, minderwertiger Dreck!!! Was ihr der Menschheit angetan habt ihr Menschenmüll! Gott hatte komatösen Durchfall, er hat euch in die Welt geschissen !!!" [MA_YT_IiD_S3]

Wesentlich häufiger als bei den Antisemitismen von christlichen, atheistischen oder religiös nicht zuzuordnenden Verfassern finden sich beim muslimischen Judenhass mit über 20% ungewöhnlich viele religiöse Verweise wie:
„Allah hat sie nicht umsonst Affen und Schweine verwandelt Hund wird auch gut passen" [MA_FB_MM_3_S2]

Insbesondere solche, in denen Juden dehumanisiert als Tiere bezeichnet werden (wobei die alte additive Phrase „Affen und Schweine" ausschließlich von Islamisten benutzt wird) und in Verbindung mit eliminatorischem Antisemitismus kommuniziert werden.
„in shaa Allah kommt irgendwann der Tag, indem Israel komplett ausradiert wird. Drecksland" [MA_FB_MM_2_S2]

Oft finden sich auch auf die NS-Zeit bezogene Vernichtungsphantasien, die sich kollektiv auf alle Juden beziehen:
„Wann kommt ein Mann wie früher und bringt diese Hurensöhne Menschen alle um Möge Gott euch vernichtet" [MA_FB_PS_1_S7].

Die ausgeprägte religiöse Dimension des muslimischen Judenhasses[55] ist bislang noch nicht hinreichend untersucht worden. Insgesamt ist der Schreib- und Argumentationsstil dieser Gruppe im Web 2.0 von unkontrollierter Hass- und Pejorativlexik geprägt: „Hurensöhne", „Dreckmüllpack", „Schlimmer als Schweine", „Teufel", „Vernichte!!, Israel verbrenne!!!"): Es liegt die Variante des affektiven Hasses vor (s. Kapitel Affektlogik).
„Der Teufel ist leibhaftig auf unserer Erde ! Wird langsam zeit ihn zu Vernichten" [MA_KI_2_S12]

Der Hass ist ich-synton, da die Schreiber von der Rechtmäßigkeit ihrer negativen Gefühle überzeugt sind und keinen Konflikt damit haben. Entsprechend ist die Hassartikulation ich-bezogen und ohne Camouflage:
„Ich hasse Juden" [MA_FB_UAS_3_S2]
„ich krieg son hass wenn ich nur Israel höre.." [MA_FB_KIL_2_S1].

Anti-judaistische Verschwörungsphantasien und die Blutkultlegende, finden sich rekontextualisiert – aus christlicher Judenfeindschaft übertragen in die Moderne – in der Adaption, Juden (in Verbindung mit dem Staat Israel, der als Inkarnation des Bösen[56] klassifiziert wird) würden Muslime bewusst ermorden sowie den Islam schwächen und schlussendlich zerstören wollen.

Dass nicht der israelbezogene, sondern der klassische Anti-Judaismus und Antisemitismus vorherrschend in den muslimischen Antisemitismen ist, widerlegt die zum Teil in der öffentlichen Diskussion eingebrachte Hypothese, der Nahostkonflikt sei die primäre Quelle für muslimischen Judenhass.[57] Auch dieser wird maßgeblich durch den kollektiven Gefühlswert „Judenhass" determiniert, jedoch wesentlich stärker als die politischideologischen Antisemitismen von der religiösen Dimension beeinflusst

---

55 S. hierzu die Studie des hessischen Verfassungsschutzes von 2017. S auch Wistrich 2011.

56 Insbesondere Teufelsmetaphorik, wie sie im christlichen Anti-Judaismus des Mittelalters kommuniziert wurde (s. hierzu den Klassiker Trachtenberg 1943), ist hierbei zu konstatieren. Judeophobe Karikaturen, die mittelalterliche Motive oder Merkmale von NS-Bildern aufgreifen, sind insgesamt seit Jahrzehnten im arabischen Presseraum anzutreffen; s. u. a. Stav 1999.

57 Mediale Berichte zum Nahostkonflikt führen zu eruptiven Anstiegen von Antisemitismenproduktion, fungieren dabei aber nur als Auslöser, nicht als Ursache. Das Phänomen, dass Krisenberichte der Massenmedien Kommentare von Usern verstärken und ansteigen lassen, findet sich auch bei allen anderen Themen (Tierschutz, Umwelt usw.). Den Nahostkonflikt als Beweggrund und Basis für muslimischen Antisemitismus zu sehen, ist daher eine unzulässige monokausale Hypothese ohne empirisches Fundament.

und führt somit ebenfalls in moderner Variante die Tradition des klassischen Anti-Judaismus fort.

Verteilung der antisemitischen Stereotype in den großen Korpora
Hier findet sich in der Übersicht nun die Stereotypenverteilung. In den großen Korpora (i.d.R. über 1.000 Texte pro Subkorpus) beträgt der Anteil klassischer Stereotype 54,02%, der Anteil Israelbezogener Stereotype 33,35%, und Post-Holocaust-Stereotype wird zu 12,63% realisiert.

Korpus	meta-Tagesschau	DAF	BS	NWJ	G2014	MA	Mittelwert
KlA	33,16%	76,38%	72,77%	47,80%	40,36%	53,66%	**54,02%**
PHA	4,29%	11,31%	24,34%	11,01%	13,61%	11,22%	**12,63%**
IA	62,55%	12,31%	2,89%	41,19%	46,03%	35,12%	**33,35%**

Tabelle 8: Verteilung der antisemitischen Stereotype in den großen Korpora.

Bei der Berücksichtigung aller untersuchten Korpora ist die Verteilung folgendermaßen: Klassische Stereotype: 46,61%, Israelbezogene Stereotype: 27,64%, Post-Holocaust Stereotype: 25,75%.

Korpus	KlA	PHA	IA	AS in %
2012 Beschneidung	72,77%	24,34%	2,89%	23,35%
2014 DAF	76,38%	11,31%	12,31%	37,21%
2014 GAZA	40,36%	13,61%	46,03%	22,67%
2014 META	33,16%	4,29%	62,55%	47,64%
2014 NWJ	47,80%	11,01%	41,19%	38,22%
2014 JID	70,19%	14,63%	15,18%	28,50%
2014+18 TW NWJ+BTK	31,17%	41,56%	27,27%	29,75%
2015 Schuster	44,44%	32,41%	23,15%	16,67%
2017 BBT	33,82%	17,65%	48,53%	13,10%
2017 Gabriel	22,08%	37,96%	39,96%	30,18%
2017 JSF	44,31%	29,11%	26,58%	19,10%
2017 Kollegah	40,18%	50,47%	9,35%	12,80%
2017 RT-dt	25,35%	73,42%	1,26%	64,30%
2018 BTK	63,45%	13,20%	23,35%	15,28%
2007–18 MA	53,66%	11,22%	35,12%	42,98%
Mittelwert	**46,61%**	**25,75%**	**27,64%**	**29,45%**

Tabelle 9: Stereotypverteilung in den Korpora 2012–2018

ERGEBNISSE DER KORPUSANALYSEN

Judeophobe Stereotype komprimiert reaktiviert: Das Twitter-Korpus

„Juden lügen schon seit über 2000 Jahren" [EB_TW_20170110a]

Twitter ist einer der Kommunikationsbereiche im Web, die besonders schnell und häufig Antisemitismen in komprimierter Form, ohne argumentative Ausführungen oder Erklärungen reproduzieren und verbreiten. In Stichproben wurden verschiedene Datensammlungen von internationalen Twitter-Texten (u. a. zum Film Wonder Woman und zum ESC mit der israelischen Gewinnerin Netta) analysiert, wobei das umfangreichste zu „Israel burning" 22.000 Tweets umfasste. Dabei dominieren kurze Gefühlsbekundungen wie:
„Ich hasse Juden so sehr !" [EB_TW_20170226], sowie klassische Stereotype, die oft Versatzstücke aus historischen Antisemitismen sind (z. B. dem Spruch von Treitschke „Die Juden sind unser Unglück!", der in der NS-Zeit auf jeder Stürmer-Ausgabe publiziert wurde).
„Yeah, die Juden sind unser Unglück..." [EB_TW_20170110b], „Der Jude war eben schon immer schuld an seinem Unheil..." [EB_TW_20170109], „Weil die juden sich von blut ernähren...." [EB_TW_20170118]

Verlinkt werden solche Verbal-Antisemitismen sehr oft mit Bildern, die Verschwörungsphantasien bildlich präsentieren oder judenfeindliche Konzeptualisierungen ikonisch darstellen. Dieses auf Twitter gepostete Bild evoziert intentional die Implikatur, dass Juden so geldgierig seien, dass sie in einen Gasofen kriechen würden, um dieses zu bekommen.

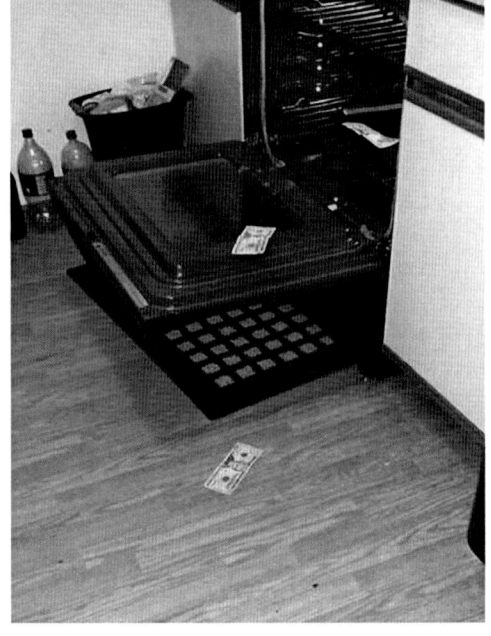

Abbildung 3 Quelle: Twitter
[EB_TW_20160708_mattkatz]

Twitter wird benutzt, um schnell und schlagwortartig Antisemitismen an ein breites Publikum zu transportieren. Dabei wird jede Gelegenheit genutzt, Israel zu diskreditieren und zum Boykott gegen den Staat aufzurufen, selbst bei unpolitischen Themen aus der Unterhaltungsbranche. So wurde international zum Boykott des Actionfilms *Wonder Woman* gepostet:

Abbildung 4
Quelle: Twitter [EB_TW_20170530]

Abbildung 5
Quelle: Twitter [EB_TW_20170705_Latuff]

was weltweit in Folge zu zahlreichen antisemitischen Tweets führte: "The miscasting of an out & out Zionist racist who cheers openly as children are killed & promotes the genocide of Palestine, is an appalling example of the human race to present to our growing kids" (Great Britain), "She supports zionist terrorist nazi israeli occupation forces, she is racist, fascist, ... Insane" (Afghanistan), "All Israelis are racists and murders" (California), "ISRAHEILL CRIMINEL ! ISRAÉLIENS ASSASSINS !" (France), "Because Zionism is the biggest threat to our common humanity!" (British Columbia), "To destroy the Zionists from the face of the earth" (India) [EB_bww_petition_2017]

Neben NS-Vergleichen und den typischen Dämonisierungen finden sich dabei auch zahlreiche Verwünschungen und Vernichtungsphantasien in Bezug auf Israel. Nicht nur die hoch emotionale Nahostkonfliktberichterstattung führt folglich zu drastischen Hassbotschaften, sondern auch harmlose Spiel- und Unterhaltungssendungen.

ERGEBNISSE DER KORPUSANALYSEN

Im Israel-burning-Korpus[58] überwiegen Freudesbekundungen über die Waldbrände in Israel:

Mit euphorischen Glücksäußerungen breitete sich die Meldung in den arabischen sozialen Medien aus (aber auch deutsche Twitter- sowie Facebook-Seiten zeigten einschlägige Texte). Im englischsprachigen Kommunikationsraum wurden Texte gepostet wie „munching Popcorn with pleasure watching the fire" oder „happy, happy burning", die viele „Gefällt mir" aufwiesen. Emojis, die Freude über die Brände ausdrücken, stehen hinter kurzen Hassbekundungen auf den „zionistischen Teufel" und die „Israhölle". Viele Verlinkungen führen dabei auf Bilder mit toten Kindern und Frauen, die als „Opfer der brutalen Unterdrückung des Rassismusregimes" bezeichnet werden. Häufig werden die Jubel-Texte mit kollektiven Verwünschungen und religiösen Ausrufen verbunden:
„God, add more fire to them until their end", „Israhell your hell is coming, Thank God!", „Allahu Akbar!"

Im deutschsprachigen Web wurde die Umweltkatastrophe bevorzugt zum Anlass genommen, sich über „die unrechtmäßige Siedlungspolitik Israels" und die „Unterdrückung der Palästinenser, die sich wehren müssen" zu empören. Die Diskussion zeigt, dass auch nicht politische oder militärische Sachverhalte zu einseitig israelfeindlichen Kommentaren führen und es dabei zu einer Empathieverweigerung mit jüdischen Israelis kommt.

---

58 Im November 2016 kam es in Israel zu großflächigen Bränden, mutmaßlich durch palästinensische Brandstiftung ausgelöst, die u. a. weite Teile des Waldes im Norden zerstörten.

5. Israelbezogener Antisemitismus und globaler Vernichtungswille

„Death to Israel" / „Death to Zionists" (Facebook-Gruppen im Web 2.0)[59]

„Der wahre Menschenfeind Israel" (Plakattext auf anti-israelischer Demonstration 2016)

Dass Israel – als wichtigstes Symbol für jüdisches Überleben und gelebtes Judentum – im Fokus aller Antisemiten steht, sollte nicht verwundern, ist dies doch die konsequente Folge der Chamäleoneigenschaft von Judenhass. Der israelbezogene Antisemitismus weist zwar eigene Stereotype (UNRECHTS-TERROR-KOLONIAL-APARTHEIDS-KINDERMÖRDER-STAAT, LANDRÄUBER) auf. Diese sind jedoch alle nur modern geformte Varianten von uralten Konzepten. Israelbezogener Judenhass folgt der „Adaptationslogik" des Antisemitismus: Im Laufe der Jahrhunderte hat sich Judenfeindschaft stets den sozial-politischen Gegebenheiten und gesellschaftlichen Normen angepasst, um ohne Bruch und ohne Zweifel das zugrundeliegende Glaubens- und Weltdeutungssystem aufrecht zu erhalten und in der jeweils neuen Situation möglichst passend und effektiv zu wirken.

Die lange Geschichte der Judenfeindschaft zeigt: Gleich, was Juden getan oder nicht getan haben, sie wurden ausgegrenzt und verdammt, sie wurden je nach Lage und Opportunität als Kapitalisten oder Bolschewiken, als zu einflussreiche Intellektuelle oder als Vaterlandsverräter, als Eigenbrötler oder Assimilierte stigmatisiert. Der gleiche Projektions- und Adaptationsprozess findet in Bezug auf Israel statt.

„und israel existiert nur weil es der judenstaat ist...also muß sich der hass gegen alles jüdische richten...oder hört man eine jüdische stimme gegen das gemetzel...nein...wer schweigt, ist mitschuldig..." [MT_21072014_4_11:45]
„Juden Zionistisches ISRAEL = ISRAHELL" [EB_YT_20110107]

---

59 Facebook vertritt die Auffassung, dass solche Slogans nicht in die Kategorie Hasssprache fallen, da sich die Todesdrohungen auf ein Land, und nicht auf Personen oder Personengruppen beziehen. S. https://www.washingtonexaminer.com/facebook-says-calling-for-death-to-israel-isnt-hate-speech-because-its-a-country sowie 2018, https://techcrunch.com/2018/04/24/facebook-content-rules/?guccounter=1 (Zuletzt geprüft: 04.07.2018).

5. ISRAELBEZOGENER ANTISEMITISMUS UND GLOBALER VERNICHTUNGSWILLE

Bei allen Analysen zum Web 2.0 zeigt sich der Transfer von tradierten antisemitischen Konzeptualisierungen und Sprachgebrauchsmustern auf die Projektionsfläche ‚Israel'. Der Mittelwert liegt bei den großen Subkorpora mit je mehr als 1.000 Texten bei 33,35%, im Gesamtkorpus des Web bei 27,64%. Dies betrifft die Stereotypkodierungen mit expliziter Erwähnung Israels. Nimmt man die impliziten Verweise („dieser sogenannte Staat", „das Kolonialprojekt in Palästina") in Verbindung mit judeophoben Konzepten hinzu, liegt der Mittelwert bei über 60%. Israelhass lässt sich von der klassischen Judenfeindschaft nicht trennen. Stereotype, die teilweise aus dem Mittelalter stammen, und Argumentationsmuster der antisemitischen Hasspropaganda aus der NS-Zeit finden hier ihren Ausdruck und gehören mittlerweile zu den typischen Charakteristika der Netzkultur: „Die Zionistenclans sind die Pest der Welt" [EB_YT_Rothschilds_20130903_A1]

„Warum die schwarze Antwort des Hasses auf dein Dasein, Israel?"
(Nelly Sachs)
Sie führen die kulturhistorische Tradition fort, Juden als das Übel in der Welt zu sehen. Israel fungiert in diesem Prozess als kollektiver Jude und erhält entsprechend alle Phantasieeigenschaften des Hasskonzeptes vom EWIGEN JUDEN zugeordnet. In dem folgenden Post auf einem Hausaufgabenportal für Schüler wird durch die Prädikation „besetzen ein Land..." ersichtlich, das Israelis gemeint sind, automatisch jedoch erfolgt die konzeptuelle Gleichsetzung durch die Verwendung des Lexems Juden:

„Juden machen nur STRESS und besetzen ein Land das denen nicht gehört und töten Frauen und Kinder und zeigen keine Reue ... Das sind Juden ... das ist die WAHRHEIT" Quelle: e-hausaufgaben.de [EB_EHD_20100219]

Die Aufarbeitung nach dem Holocaust, die Erkenntnis, welche Konsequenzen ein ungezügelter Judenhass haben kann und wie gefährlich Hasssprache ist, haben keineswegs zu einer flächendeckenden Eindämmung des Ressentiments gegen Juden geführt. Im Gegenteil: Nach einer kurzen Phase des in der Öffentlichkeit eingedämmten und tabuisierten Antisemitismus ist seit 2012 eine massive Absenkung der Tabuisierungsschwelle sowie eine Intensivierung von Verbal-Antisemitismen zu konstatieren. Dem israelbezogenen Judenhass kommt dabei eine Schlüsselrolle zu.

Israel als Stachel im Geist: Wo alle Antisemiten sich treffen

Der jüdische Staat ist für Antisemiten eine schier unerträgliche Provokation, der schlimmste Störfaktor in ihrem Denken und Fühlen. Daher sind Hassbekundungen und mentale Grausamkeit besonders intensiv.

„und brennen sollt ihr alle" (EB-Israel- Facebook-25.11.16 burning),
„ihr drecks Parasiten" [EB_twitter_phi_16-08-2019],
„Ihr Kinderblut trinkende Zionisten werdet in die Hölle gehen und 1000 Tode sterben." [EB_yt_IID_S3]

Der Hass richtet sich nicht auf die Realität, das tatsächliche Israel, sondern auf das judeophobe Zerrbild und auf seine bloße Existenz. Deshalb wird einzig Israel von allen Ländern in der Welt von Antisemiten die Existenzberechtigung abgesprochen (eine ähnliche Delegitimierung[60] in Bezug auf ein anderes Land haben wir in unseren Korpora nicht gefunden).
„Israel ist kein Land." [EB_YT_SRSLY_20140501]

Die monokausale Erklärung, der Nahostkonflikt sei schuld an eruptiven antisemitischen oder israelfeindlichen Posts sowie Demonstrationen, greift zu kurz und erfasst nicht die genuine Eigendynamik des judeophoben Ressentiments, in geschichtlichen Prozessen stets das Objekt in den Fokus des Hasses zu rücken, das besonders in Erscheinung tritt und dessen Delegitimierung zeitgleich opportun ist. Israel wird per se gehasst, ganz gleich, was es tut oder nicht tut (s. das Pinkwashing-Phänomen). Deshalb sollte man sich auch nicht der Illusion hingeben, Hass und Feindseligkeiten würden zurückgehen, käme es einmal zu einem Friedensprozess zwischen Israelis und Palästinensern.

Der für Judenhass typische Auslöschungs- und Erlösungswille wird entsprechend nicht nur in der virtuellen Realität des Web 2.0 auf Israel projiziert, sondern in die reale Welt getragen:
„For world peace, Israel must be destroyed" (Plakattext auf einer antiisraelischen Demonstration in London, 2012, Trafalgar Square)

---

60 Dass solch unikale Infragestellungen auch in den Massenmedien und im Journalismus Widerhall finden, statt zurückgewiesen zu werden, verstärkt die Normalisierungseffekte erheblich: „Es muss in einem freien Land möglich sein, straflos das Existenzrecht Israels infrage zu stellen." (TAZ, 23.07.2014)

Unabhängig von der jeweiligen Ausrichtung treffen sich alle Antisemiten weltweit bei ihrem Hass auf Israel. Dieser Hass ist das Bindeglied, das global Gemeinsame von an sich so disparaten Personen und Gruppen wie Neonazis, Islamisten, linken Aktivisten, gebildeten Bürgern aus der Mitte. Aktueller Antisemitismus ohne Hass auf Israel begegnet uns nicht. Israel als die staatlich verkörperte Quintessenz des existierenden Judentums in der Welt zieht den Hass auf sich wie sonst kein Symbol jüdischen Lebens.

Konzeptualisierung EWIGER JUDE und JUDEN ALS FEINDE DER MENSCHHEIT

„ein schreckliches Volk... – ein Volk, dem von Uranfang an etwas dünkelhaft Niedriges anhaftet, mit dem sich die arische Welt nun mal nicht vertragen kann." (Fontane 1889)
„ohne Erlösung der Judenfrage keine Erlösung der Welt!" (Streicher 1941)

Seit Jahrhunderten zeichnet sich judenfeindlicher Sprachgebrauch geradezu monoton durch die Rekurrenz auf Stereotype[61] aus, also geistige Repräsentationen, die Juden Merkmale andichten wie Rachsucht, Gier, Machtstreben, Gewalt, Zersetzungsbestrebungen. Frequent kommunizierte Stereotype im Web 2.0 sind JUDEN ALS VERSCHWÖRER, KINDERMÖRDER, LANDRÄUBER, ZERSETZER UND JUDEN SIND SELBST SCHULD AM ANTISEMITISMUS. Bei allen Variationen der Antisemitismen im Web 2.0 ist stets eine Konzeptualisierung die Basis der semantischen Entwertung: Juden werden als homogenes Kollektiv mit unabänderlichen Eigenschaften (Konzept des EWIGEN JUDEN) gesehen, die insgesamt das Übel der Welt, die Feinde der Menschen seien. Dies spiegelt sich in den digitalen Texten gleichförmig wider:
„Weltenübel", „das Schlimmste, was Gott der Menschheit angetan hat", „übelster Unrat", „abgrundtief böses Pack", „Abschaum der Erde", „Israelis sind Teufel in Menschengestalt", „keine Menschen, vom Teufel besessene Kreaturen", „stören den Weltfrieden", „Verkörperung des Inhumanen", „müssen ausgemerzt werden", „Ohne Juden ist die Welt ein besserer Ort!", „Zionismus ist die Wurzel aller Übel in der Welt", „Israel ist das Böse in der

---

61 S. zu den klassischen Stereotypen Schoeps/Schlör 1995, Wistrich 2010 und Nirenberg 2013; zur aktuellen Verwendung dieser Konzepte Schwarz-Friesel/Reinharz 2013: Kap. 5.

Welt", "Sündenfall der Staatsgründung rückgängig machen", "Israelis sind Menschenfeinde", "Krebsgeschwür", "Pest." Es handelt sich hierbei um exemplarische Beispiele aus einem E-Mail- und Internet-Korpus, 2012–2017, von insgesamt 300.000 Texten. Ein typisches Einzelbeispiel:
„ERWACHE,Der Zionismus ist der wahre Feind aller Menschen und Nationen! Teil II" [EB_MAG_20140713]

Spiegelbildlich und ohne Veränderung in der semantischen Entwertung wird das Konzept des EWIGEN JUDEN auf Israel oder den Zionismus projiziert. Dämonisierungen auf der verbalen und bildlichen Ebene sind dabei in allen politischen Ausrichtungen und in weiten Teilen der Sozialen Medien zu finden.

Abbildung 6 Quelle: KenFM [EB_KEN_20171018]

In Tausenden von Collagen wird Israel als Verursacher des Weltenbrandes dargestellt, wie in der Abbildung mit Netanjahu als Kapitän eines atomaren Kampfflugzeugs mit der Fahne Israels, das ein Flammenmeer entfacht hat: Eine dramatisch zugespitzte Variante der viel verbreiteten De-Realisierung, Israel sei die größte Gefahr für den Weltfrieden.

Auf Basis solcher dämonisierenden und delegitimierenden Konzeptualisierungen des jüdischen Staats als Inkarnation des Bösen finden sich auch kontinuierlich eliminatorische Lösungsvorschläge, je nach politischer Position artikuliert als „Lösung für die Juden", „für Israel und den Nahostkonflikt" oder „für die Zionisten".[62] Im linken und gebildeten Diskurs wird der jüdische

---

62 Zu YouTube-Kommentaren s. auch Kap. 6.

5. ISRAELBEZOGENER ANTISEMITISMUS UND GLOBALER VERNICHTUNGSWILLE

Nationalstaat als „Fehler" und „Unrecht" bezeichnet, der/das „behoben werden müsse". Hier setzt sich der alte Vernichtungswille fort, der den Judenhass prägt.

„Am Beßten wäre es jedoch, man reinigte das Land ganz von dem Ungeziefer, und hiezu giebt es gleichfalls zwei Mittel. Entweder, sie durchaus zu vertilgen, oder sie ... zum Lande hinausjagen [...]." (Hundt-Radowsky 1819)
„Trichinen und Bazillen werden ... so rasch und so gründlich wie möglich vernichtet." (de Lagarde 1887)
„Hebräer...Dem germanischen Empfinden gäbe es hier nur eine einzige Strafe: die Strafe wäre Tod." (Hitler 1920)

Modern artikuliert klingt das dann so: „Bombt Israel" (Twitter 2014); „Raus aus unserer Welt" (Facebook 2016), „Alle Zionisten in die Gaskammern" (Youtube 2017), „Zum Teufel mit diesem von Satan, durch Verrat, gegründeten Israel." [EB_YT_01052018]

In diesem Zusammenhang werden auch stets Boykottaufrufe und Verweise auf die BDS-Kampagne[63] gepostet. Während es je nach Produzenteneinstellung Unterschiede in Stil und Lexik gibt, ist die Semantik weitgehend identisch. Die Analysen zeigen dabei insgesamt eine aufschlussreiche Gleichförmigkeit[64] hinsichtlich der Verwendung spezifischer Mittel und argumentativer Muster bei der Tradierung antisemitischen Gedankenguts (s. hierzu auch Schwarz-Friesel 2015a, b, c sowie 2018b).

Das Echo der Vergangenheit: Zur Monotonie von Antisemitismen

„...weil die Juden ein verdorbenes und entartetes Volk sind."
(Ernst Moritz Arndt 1814)

---

63 BDS (Boycott, Divestment, Sanctions) ruft international zu Sanktionen gegen Israel auf. Sie wehrt sich stets gegen den Vorwurf, antisemitische Ressentiments damit zu schüren, da diese Aufrufe in der Tradition der NS-Kampagne „Wehrt euch, kauft nicht bei Juden" steht, doch zeichnen sich ihre Texte und Bilder durch zahlreiche Merkmale von Antisemitismen aus. Auch ihr Verhalten zeigt in vielen Fällen die für den Judenhass typische Virulenz und Obsessivität. BDS-Anhänger stören pro-israelische Veranstaltungen und scheuen auch nicht davor zurück, Holocaustüberlebende niederzuschreien, wenn diese sich mit Israel solidarisch zeigen.

64 Dies zeigt sich auch im aus mittlerweile 20.000 Texten bestehenden E-Mail-Korpus (s. hierzu Schwarz-Friesel/Reinharz 2013, S. 171ff. 228ff. und 397ff.).

„#ESC18 Warum darf ein kriegerisches Volk wie Israel, was nicht einmal zu Europa gehört, an dieser friedlichen Veranstaltung teilnehmen?" [EB_TW_20180512_2]

Bereits bei unseren E-Mail-Analysen hatte sich gezeigt, wie sehr der aktuelle Verbal-Antisemitismus mit Versatzstücken aus dem Sprachgebrauch der NS-Zeit durchsetzt ist. Wörter wie „arisch", „verjudet", „Rasse", „Weltjudentum" finden sich dabei vor allem in den Äußerungen von Neonazis und Rechtsradikalen. Aber das „Echo der Vergangenheit" (so das gleichnamige Kapitel in Schwarz-Friesel/Reinharz 2013) geht bedeutend weiter zurück: Die vielen Jahrhunderte des kulturell tradierten Judenhasses haben tiefe Spuren hinterlassen und prägen bis heute das kommunikative Gedächtnis. Die Sprachgebrauchsmuster der historischen[65] und der zeitgenössischen Judenfeindschaft ähneln sich daher sowohl in ihrer Semantik als auch in ihrer Form frappierend, wie die Gegenüberstellung historischer und aktueller Beispiele verdeutlicht.
„Israelis blutdürstige Mörderhunde, sie zerstückeln Kinder...vergiften das Wasser..." (EB-FB, 2014)
„dürstige blut Hunde und Mörder...Brün vergiftet, Kinder zepfrimet" (Luther 1543)

„Die Zionisten haben sich in Palästina wie Krebs eingewurzelt" (EB-FB, 2014)
„wie der Krebs allgemach einwurtzelt ...So die Juden" (Rechtanus 1606)

„Das zionistische Israel trägt einen unversöhnlichen Hass gegen alle Nicht-Juden in sich!" (EB-Youtube-Kommentar 2014)
„Das jüdische Volk wagt, einen unversöhnlichen Haß gegen alle Völker zur Schau zu tragen." (Voltaire 1784)

---

65 Eine Datensammlung von 800 historischen Texten (vom 16. Jahrhundert bis 1945) mit typischen judenfeindlichen Stereotypkodierungen und Argumenten diente als Vergleichskorpus. Dass Antisemitismus heute oft nicht erkannt oder als solcher klassifiziert wird, hängt mit einer zu engen Definition zusammen, die nur die 12 Jahre NS-Zeit als typisch für Judenhass ansieht. Die aktuellen Ausprägungen aber können ohne die lange abendländische Tradition des Judenhasses mit ihren changierenden Ausprägungen im Wandel der Jahrhunderte nicht erklärt werden. Nur im direkten Vergleich mit den historischen Texten wird ersichtlich, dass die kulturell verankerten Sprachgebrauchsmuster sich bis heute kaum verändert haben.

„Israelis, die Feinde der Menschheit, die Feinde aller anderen Völker."
(EB-Twitter 2016)
„Feinde dieser Nationen und schließlich der Menschheit." (Voltaire 1878)

„Israel hat keine Berechtigung im modernen Völkerbund zu existieren. Es ist ein Fehler der Geschichte." (E-Mail an IBD 2014)
„Judentum ...als solches hat sich aber längst ausgelebt, hat keine Berechtigung innerhalb des modernen Völkerlebens, und dass es sich dennoch erhalten hat, ist ein Fehler der Weltgeschichte." (Rudolf Steiner 1988)

Die Parallelen sind so augenscheinlich, dass sich eine weitere Kommentierung erübrigt. Aktuelle antisemitische Äußerungen stehen in Tradition der kulturellen Konstante von Judenfeindschaft. Sie spiegeln den Einfluss der im kollektiven Gedächtnis gespeicherten Sprachgebrauchsmuster wider.

Kontinuität und Uniformität der Sprachgebrauchsmuster: Rechts, Links, Muslimisch, Mitte
Die kontinuierliche Wiederholung der immer gleichen Argumente und Muster zeigt sich auch beim Vergleich von aktuellen Antisemitismen aus unterschiedlichen politischen oder ideologischen Richtungen: Antisemitismen, unabhängig, ob sie von rechten, linken, muslimischen oder mittigen, ob von gebildeten oder ungebildeten Menschen produziert, weisen eine Äquivalenz in Struktur und Argumentation[66] auf. Die Inhalte und sprachlichen Formen sind oft nahezu austauschbar. Trotz stilistischer Differenzen ist der Sprachgebrauch der meisten Verfasser antisemitischer Texte sehr ähnlich und weist bis in die Detailstruktur der Texte hinein identische Muster auf. Der Prototyp in Bezug auf Israel ist: ‚Israel ist an allem Schuld, Israel ist der Teufel unter den Ländern der Erde, Israel muss man boykottieren und am Ende entweder physisch oder als jüdischen Nationalstaat auflösen'.

---

66   So wie rechtsradikale Antisemiten unerschütterlich dem Weltdeutungsmuster anhängen, die Juden seien das Grundübel der Menschheit, so lassen sich linke Antisemiten und Schreiber aus der Mitte nicht in ihrem Glauben erschüttern, Israel sei ein Unrechtsstaat und ein Frevel an der Völkergemeinschaft. Dies führt zu Argumentationsmustern, die nicht nur inhaltlich, sondern auch syntaktisch identisch sind: „Juden sind das Übel der Menschheit und bedrohen den Weltfrieden.", „Israel ist ein Unrechtsstaat und bedroht den Weltfrieden!" (E-Mail-Korpus; s. Schwarz-Friesel/Reinharz 2013).

Es zeigt sich zum einen, wie stark tradierte judeophobe Sprachmuster verankert sind. Zum anderen wird erkennbar, wie die durch einen Projektionsprozess zu erklärende Israelisierung des aktuellen Antisemitismus alle Ebenen der Gesellschaft durchdringt und über den individuellen Einstellungen steht. Die grundlegenden Konzeptualisierungen DER EWIGE JUDE und JUDEN SIND DAS ÜBEL DER WELT werden je nach Ausrichtung der Verfasser geringfügig, z. B. durch das jeweilige Ideologievokabular (etwa beim rechten Rassismus oder linker Kapitalismuskritik) überformt, sind aber stets als Basissemantik erkennbar.

„Nur durch Eure vollständige Ausrottung kommt Frieden in die Welt. Heil Hitler! er war Humanist, denn er wollte die Welt vor Euch retten." [IBD_7.04.2012_ano_001] (ein Rechtsradikaler)

„Nur durch die vollständige Auflösung des Unrechtsgebildes Israel kommt Frieden in die Welt!" [IBD_10.08.2011_Mer_001] (linker Akademiker, gibt Namen und Adresse an)

Vergleichs/Subkorpus*	Zeitraum	Umfang	Besonderheit
E-Mail Subkorpus an IBD+ ZJD	2002–2018	20.000 E-Mails	E-Mails
Datensammlung historische Texte	16. Jhd.–1945	800 Texte	historisch
#IsraelBurning	2017	22.000 Tweets	international

Tabelle 10: Vergleichs- und Subkorpora zum Basiskorpus (Tabelle 12)

* Zusätzlich wurden ab 2010 in jedem Jahr in diversen Sozialen Medien Stichprobenanalysen von jeweils 150–400 Texten zu den Phänomenen Stereotypenverteilung, Emotionspotenzial, Abwehrstrategien und Radikalisierung erstellt.

Eine Gruppenzugehörigkeit lässt sich im Internet allerdings nur noch erkennen, wenn die Verfasser wie in E-Mails (Klar)Namen und Anschrift nennen und Selbstauskunft erteilen. Im Internet mit seiner anonymen, multiplen und diffusen Kommunikationspraxis dagegen ist aufgrund der zahlreichen Überlappungen und Äquivalenzen oft kaum sicher festzustellen, welchem politischen oder ideologischen Spektrum die Verfasser angehören[67]. Wichtige Informationen hierzu erhalten wir aus den Zuschriften

---

67 Unterschiede spiegeln sich noch in der Lexik wider: Rechte und rechtsradikale Verfasser referieren explizit auf Juden, linke und in der Mitte anzusiedelnde Schreiber sowie Muslime benutzen primär die Wörter Zionisten, Israel und Israelis. Muslime verwenden zudem viele religiöse Redewendungen.

an den Zentralrat der Juden in Deutschland und die Israelische Botschaft in Berlin, denn dort geben viele Schreiber neben Name und Adresse offen Informationen über ihr Alter, ihren Beruf, ihre Bildung preis.

Aufgrund der Homogenität von Antisemitismen sind keine klaren Grenzen zwischen unterschiedlich politisch oder ideologisch motiviertem Judenhass zu ziehen. Das führt zu einer Nivellierung der Positionen und zugleich (aufgrund dieser Orientierungslosigkeit und uniformen Adaptation) zu einer Konsolidierung des judenfeindlichen Ressentiments.

Das quantitative Ausmaß judenfeindlicher Kodierungen projiziert auf Israel, ihre multiple Verbreitung und semantische Gleichheit bewirken, dass Israelhass als Antisemitismus 2.0 integraler Teil der Netzkultur ist. Die Quasi-Identitätsstrukturen, auf die User tagtäglich in nahezu allen Diskursbereichen des Internets stoßen, verfestigen und intensivieren den Eindruck, diese Form der Juden- und Israelfeindschaft sei normal und legitim. User erleben im Web keine Grenzen mehr zwischen informationsvermittelnden und rein meinungsbeeinflussenden, persuasiven Textsorten: Diese Zuordnungs- und Klassifikationsprobleme bewirken Intransparenz und Orientierungslosigkeit in Bezug auf die Kategorie der „Faktizität". Die diffuse und multiple Verbreitung antisemitischen Gedankengutes ist besonders gefährlich, da sie flächendeckend auftritt und als prozedurales Phänomen zur Gewöhnung und Akzeptanz von Antisemitismen beiträgt.

Keine Grauzonen: Zur Abgrenzung von israelbezogenem Antisemitismus und Kritik
Ich kritisiere, dass Du existierst.
Ich kritisiere, dass Du ein rachsüchtiges Kindermörderschwein und ein koloniales Krebsgeschwür bist.
Ich kritisiere, dass man Dich noch nicht verdammt und zerstört hat.

Wer sich über diese seltsam anmutenden Kritiken wundert, tut dies zu Recht. Denn hierbei handelt es sich nicht um die Sprachhandlung der Kritik, sondern um dehumanisierende Diffamierungen und existenzielle Delegitimierungen. Aber genau diese Form der „Kritik" wird an Israel herangetragen, Tag für Tag, seit Jahren.

„Dieser rassist. Apartheid-Staat Israel hat keine Existenzberechtigung. Er ist der Nachfolgestaat Hitlerdeutschlands." (2018, *Die Friedensjuden*[68]) Die Texte zeichnen sich durch eine inflationäre Verwendung von NS-Vergleichen („HOLOCAUST an den Palästinensern", „nazistische Siedler") und dämonisierenden Dehumanisierungen („Bestien") aus sowie Boykottaufrufen („Keine Pilgerreisen mehr ins HEILIGE LAND!") und Hasserklärungen („Hass auf dieses Israel ist Pflicht eines jeden Humanisten!"). Was hier in ausgeprägter Form vorliegt, findet sich teils schwächer, teils stärker ausgedrückt, in nahezu allen anti-israelischen Texten. Explizite und implizite NS-Vergleiche (sowie surreale Apartheidsregime- und Kolonialismus-Analogien) sind dabei besonders häufig kodiert. Die Lage der Palästinenser wird „schleichender Holocaust" genannt (was neben der Falschaussage zugleich immer auch eine Verhöhnung des Leids der jüdischen Opfer ist). Das 2018 von der Knesset verabschiedete Nationalitätengesetz kann man als überflüssig, provokativ und kontraproduktiv kritisieren, doch im Web wird es als „eines der rassistischsten Gesetze auf dieser Welt" oder als „neue Nürnberger Rassegesetze" bezeichnet. Die prototypische Argumentation des israelbezogenen Antisemitismus weist die gleiche monotone Struktur aller judenfeindlichen Texte auf und lautet folgendermaßen:

In Israel agierten „Rassisten" und „Mörder", die „ethnische Säuberung" betrieben, der „Jüdische Staat" (stets delegitimierend in Anführungszeichen gesetzt) sei „wie Nazi-Deutschland" oder „das ehemalige Südafrika" und die „Israel-Lobby mache mit der Auschwitzkeule alle mundtot". Je nach politischer Ausrichtung und Präferenz kommt als Versatzstück der Hinweis, dass heute die Muslime Opfer der Juden/Israelis seien.

Weitere Merkmale sind die affektive Vehemenz und das für Judenhass typisch obsessive, zwanghafte Ausmaß der Verurteilungen und Entwertungen: Es gibt im Netz Antisemiten, die jeden Tag, z.T. jede Stunde Kommentare posten. In den meisten Fällen des israelbezogenen Antisemitismus muss man also weder Antisemitismusforscher noch Kommunikationsexperte sein, um zu erkennen, ob legitime Kritik oder israelbezogene Judenfeind-

---

68 Es handelt sich um eine anonym agierende anti-israelische Gruppe/Person, die seit Jahren Hetzpamphlete verschickt. Vom Sprachstil und Rhetorik her handelt es sich mutmaßlich um Linksextremisten. Ihr Hass gegen die „Nazi-Zionisten" wird verknüpft mit einer typisch linksradikalen Gesellschaftskritik. Die Grenzen zwischen extremistischen Texten in Bezug auf Israel sind allerdings fließend und auch Rechtsextreme sowie Islamisten bedienen sich einer solchen Rhetorik.

schaft bei einer Äußerung vorliegt. Man muss aber die Bereitschaft haben, dies erkennen zu wollen. Der Zweifel an einer Abgrenzungsmöglichkeit und der Verweis auf Grauzonen ist am Ende lediglich eine Abwehrreaktion. Daher kommen diese Einwände vor allem von Personen, die durch antisemitische Äußerungen auffallen, sich aber nicht Antisemit nennen lassen wollen. Niemand muss bei politischer Kritik auf antisemitische Stereotype und Argumente zurückgreifen. Ein Prüftest ist hierbei, wie die Personen reagieren, wenn man sie auf die Unverhältnismäßigkeit und den verbal-antisemitischen Charakter ihrer Äußerungen hinweist.[69] Wer dennoch an Brachialpejorativa und NS-Vergleichen festhält, ist kein seriöser Kritiker, sondern will judenfeindliches Gedankengut unter dem Deckmantel der „Kritik" verbreiten.

Die viel zitierte 3-D-Technik nach Nathan Sharansky (Dämonisierung, Delegitimierung, Doppelte Standards) ist bei einer Abgrenzung eine erste Orientierungshilfe, doch muss sie wissenschaftlich präzisiert werden. Denn Dämonisierungen und Delegitimierungen gibt es in vielen politischen und ideologischen Diskursen und auch im Boulevard-Journalismus des Öfteren, ohne dass eine Hassbotschaft oder Verbal-Antisemitismus gegeben ist.

Israelbezogener Antisemitismus lässt sich textanalytisch präzise und unzweideutig von „Kritik an israelischer Politik" abgrenzen (s. hierzu ausführlich Kap. 7 in Schwarz-Friesel/Reinharz 2013). Kritik ist ein Sprechakt, der als Bedingung hat, dass das Kritisierte in der Zukunft verbessert oder behoben werden kann (sonst wäre der Sprechakt sinnlos; vgl. #Ich kritisiere, dass du da bist oder #Ich kritisiere, dass du geboren wurdest). Kritische Sprachhandlungen sind realitätsbezogene, argumentativ begründete und problemlösungsorientierte Bewertungen (andernfalls handelt es sich um die Sprechakte der Lüge, Diffamierung, Diskriminierung oder Beleidigung).

Die Kriterien zur Unterscheidung beim israelbezogenen Antisemitismus sind:
- Es findet die explizit oder implizit formulierte Projektion judenfeindlicher Stereotype auf Israel statt (z. B. „die typisch jüdische Rachsucht",

---

69 Hierbei ist zu berücksichtigen, dass es auch nicht intentionale Verbal-Antisemitismen gibt (die z. B. aufgrund von Unkenntnis produziert wurden). Diese Antisemitismen sind dennoch brisant, da auch sie das judenfeindliche Gedankengut, wenn auch unbeabsichtigt, im kollektiven Bewusstsein erhalten und festigen.

„Kindermörder(ritual)", „Landräuber", „Weltenübel", „Menschenfeinde", „ewiger Jude").
- De-Realisierung wird erkennbar durch NS- und Apartheidsvergleiche und durch dehumanisierende Brachialpejorativa wie „Pest", „Krebsgeschwür", „Krake" sowie Dämonisierungen, die an judenfeindliches Gedankengut anknüpfen („teuflisch", „unverhältnismäßige Bombardierungsorgien", „ethnische Säuberung" nach dem Prinzip „Zahn um Zahn", „hemmungsloser Vernichtungskrieg" aufgrund von „Rachegelüsten"). Kollektive Schuldzuweisungen erstrecken sich nicht nur auf alle jüdischen Israelis, sondern auf das gesamte jüdische Volk (s. z. B. die E-Mails mit Vorwürfen zum Nahostkonflikt an den Zentralrat der Juden in Deutschland).
- Die Delegitimierung zeigt einen unikalen Fokus (z. B. mittels Superlativ-Konstruktionen wie „die größte Gefahr für den Weltfrieden" oder „das schlimmste Unrechtsregime" ausgedrückt), der Israel von allen anderen Ländern isoliert (und ihm u. a. das Recht zur Selbstverteidigung abspricht), seine Existenzberechtigung in Frage stellt und Vorschläge zur physischen Vernichtung oder religiösen Veränderung des Staates Israel aufweist: „Sehr geehrter Herr Botschafter. Die beste Lösung für einen Dauerhaften Frieden im Nahen Osten ist die Auflösung des Staates Israel [...]."
[E-Mail an israelische Botschaft; IBD_23.03.2007_Hof_001]
„Israel muss von der Landkarte verschwinden!" (EB-Twitter-2016)
„Der jüdische Staat soll aufhören, auf sein Jüdisch-Sein zu pochen" (EB-Facebook-2017)

Israelbezogener Judenhass folgt also der langen Tradition von Ausgrenzung und Entwertung, die typisch für Judenhass ist. Israelbezogener Antisemitismus, nachweislich die dominante Manifestationsform der Judenfeindschaft im 21. Jahrhundert, ist jedoch in der Tendenz auf dem Weg, ein „politisch korrekter Antisemitismus" zu werden, da gerade diese Form des Judenhasses massiv geleugnet, marginalisiert und umgedeutet wird (s. Kap. 8). Diese Tendenz zeigt sich nicht nur in der virtuellen Welt des Internets, sondern auch in Teilen der realen Welt.[70] Antisemitismen werden auf diese Weise wieder normaler Bestandteil des öffentlichen Kommunikationsraumes.

---

70 S. Schwarz-Friesel 2015e, f; 2018 a, b.

6. „Mit einem Klick": Die Zugänglichkeit von Antisemitismen im Web 2.0

„Der einzig echte Holocaust war an den Deutschen" [ZU_Holocaust_ Google.de_S5_L10]

Antisemitische Inhalte sind im Internet bereits mit einem Maus-Klick zugänglich. Und zwar keineswegs nur durch das gezielte Aufrufen von extremistischen oder antisemitisch auffälligen Webseiten, sondern auch im Rahmen der ganz neutralen Informationssuche.[71] Ein Schlagwort wie „Jüdisches Familientreffen"[72] bei Google-Suche (erster Zugriff 30.04.2018, zweiter Zugriff 16.06.2018) führt unmittelbar auf der ersten Seite mit einem Klick zu einem Text von anonymousnews.ru, einer Seite, die sich selbst persuasiv mit den Attributen „ehrlich, direkt, unzensiert" bewirbt und in erster Linie der Verbreitung kruder Verschwörungsphantasien dient.[73]

Der Text wird eingeleitet mit der Frage „Ist eigentlich schon mal jemanden aufgefallen, dass der sogenannte Holocaust der einzige Völkermord in der Geschichte ist, der uns nur durch Überlebende erzählt wird?" und verspricht, dass im Laufe der Lektüre „Fragen und Zweifel über die offizielle Geschichtsschreibung aufgeworfen" werden. Der Text berichtet über „angeblich im Holocaust" Umgekommene, macht sich über Begegnungen von Überlebenden lustig und stellt das Ausmaß des organisierten Massenmords in Frage. Geschichtsrevisionistisch endet der Artikel mit der Mutmaßung: „Und irgendwie wird man das Gefühl nicht los, dass wir Jahrzehnte lang belogen wurden." Die Kommentare unter dem Text enthalten explizite Holocaustleugnungen und Diffamierungen der Opfer (-familien).

---

[71] Dies ist kompatibel mit Rieger et al. 2013, die in einer prä-experimentellen Studie untersuchten, wie junge Nutzer zufällig mit Propagandamaterialien in Kontakt kommen. Es bedarf weder der aktiven Suche noch der gezielten Hinführung durch Dritte, um auf die einfach platzierten und schnell aktivierbaren Hassbotschaften zu stoßen.

[72] S. http://www.anonymousnews.ru/2018/03/26/juedisches-familientreffen-500-angebliche-holocaust-opfer-und-weitere-ueberlebende-feiern-wiedersehen/ (Letzter Zugriff: 30.06.2018).

[73] Zu den Texten dieser Seite ist an der TU Berlin (Institut für Sprache und Kommunikation) eine Dissertation in Arbeit, s. Gerlach.

Indoktrination statt Information: Ratgeber-Portale

„..das israel Kinder ermorden, frauen töten, und auf religiöse gebäuden schießen! und die ganze welt schaut zu und tut nichts!" [EB_EHD_20090104]

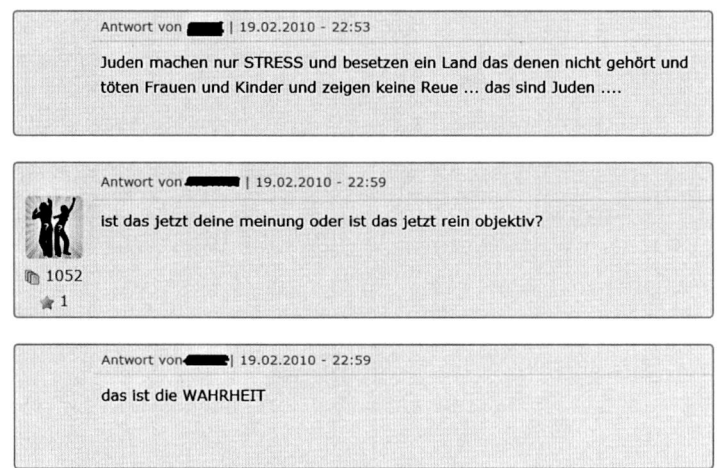

Abbildung 7
Quelle: e-Hausaufgaben [EB_EHD_20100219]

Die Ergebnisse von Stichprobenanalysen waren der Anlass zu einer systematischen Untersuchung zur Frage, wie schnell und unkontrolliert zugänglich antisemitische Verbalisierungen für Alltags-Internet-User sind. Aus diesem Grund wurde zusätzlich zu den zahlreichen Korpusuntersuchungen auch empirisch überprüft, wie schnell ein User bei einer neutralen Informationssuche im Internet auf antisemitische Inhalte stößt. Acht Suchbegriffe wurden benutzt: „Purimfest", „Pessach", „Holocaust", „Nationalsozialismus", „Juden", „Judentum", „Aschkenasim" und „Israel". Diese Suchbegriffe wurden in der Suchmaschine Google.de eingegeben. Zunächst alleinstehend und später in Verbindung mit Fragewörtern, um auch Ergebnisse auf mögliche Fragestellungen sehen zu können. Als Suchkategorie wurde die auf Google.de automatisch vorgenommene Auswahl „Alle" beibehalten und unter Suchoptionen wurde „Seiten auf Deutsch" markiert.[74] Zusätzlich zur „Google-Suchoperation" wurden weitere Recherchen

---

74 Auf Unterkategorien wie z. B. „Bilder", „Videos" oder „News" wurde nicht gewechselt, selbst dann nicht, wenn diese in der Ergebnisauflistung eingeblendet wurde. Es wurden lediglich die eingeblendeten konkreten Links angeklickt, nicht aber z. B. der Link „Weitere Bildergebnisse".

mit den alleinstehenden Suchbegriffen im Forum Gutefrage.net und auf YouTube.de durchgeführt. Um mögliche, auf das spezifische Surfverhalten zugeschnittene, Ergebnisse auszuschließen, wurden die Recherchen anonym durchgeführt und zusätzlich nach jedem Suchvorgang die gesamte Chronik inklusive aller Cookies gelöscht. Zu jedem Suchvorgang wurden, unabhängig von den möglichen Verlinkungen innerhalb der Beiträge, bei Google.de und Gutefrage.net die ersten fünf Ergebnisseiten und bei Youtube.de die ersten zehn Ergebnisse untersucht. Neutrale Äußerungen wurden nicht weiter kommentiert. Alleiniges Auswahlkriterium für einen Beitrag oder Kommentar war die Anwesenheit von antisemitischen Verbalisierungen. Bei den ausgewählten Beiträgen und Kommentaren wurden, zusätzlich zur Angabe des Links mit Zugriffs-Angabe und das Speichern einer Textkopie, die „Klick-Anzahl" und der Pfad von der Eingabe des Suchbegriffs auf Google.de (bzw. Gutefrage.net oder YouTube.de) bis zur antisemitischen Textstelle dokumentiert. Für die Messung der Anzahl an Klicks wurde die Eingabe des Suchbegriffs als Ausgangssituation festgehalten und die ab der ersten Ergebnisseite getätigten Maus-Klicks gezählt. Für alle Links einer jeweiligen Ergebnisseite gilt die gleiche Klick-Anzahl. Zu konstatieren ist, dass bereits ab der ersten Ergebnisseite (sowohl auf Google.de, Gutefrage.net wie auch YouTube.de) User bei ihrer Recherche auf Beiträge mit Antisemitismen stoßen. Zu Aschkenasim fand sich z.B. nach wenigen Klicks:

„[...] aber wenn sich eine mikrobe Minderheit von 2% der Weltbevølkerung durch abscheuliche Taten und Mittel seit jahrhunderten im Hintergrund agierend, erheben....dagegen muss man kæmpfen!!!!!!!!!!!!!!!! Wenn parasitære, falsche und abgrund-perfide Minderheiten die Mehrheit der Bevölkerung der Welt versuchen zu verskklavem, muss man sich wehren!! [...] Die Mehrheit der Produzierenden gegen die mikrobe Minderheit der Parasitæren-schleimigen-Zionisten!" [ZU_Aschkenasim_Youtube.de_S1_L2]

Diese Äußerungen, die keinesfalls nur auf radikalen oder explizit antisemitischen Internetseiten stehen, finden sich mehrheitlich innerhalb der Kommentarbereiche von Mainstream-Online-Medien oder in Foren formuliert. Es handelt sich hierbei um Recherchergebnisse, die nicht nur auf aktuelle Beiträge führten, sondern auch auf Inhalte, die z.T. mehrere Jahre alt waren. Dies mindert nicht das Wirkungspotential der transportierten judenfeindlichen Einstellungen und Stereotype, sondern intensiviert es, da auch diese Beiträge aktuell immer noch kommentiert werden. Zudem verfestigt sich der Eindruck, diese Äußerungen seien berechtigt und faktisch wahr. Die vorherrschenden antisemitischen Stereotype zeigen in der Tendenz eine themenzentrierte Verteilung: So führte die Recherche mit dem Suchbegriff „Purimfest" zu klassischen Stereotypen, wie dem der JUDEN ALS BLUTKULTPRAKTIZIERER oder als KINDERMÖRDER. Folgende Äußerung ist auf Google.de bereits nach einem Maus-Klick zugänglich.

„Heute möchte ich Ihnen gerne erzählen, wie das menschliche Blut vergossen wird, um es für das Feiertagsgebäck zu benutzen. Das Opfer muss ein reifer Junge sein, natürlich kein Jude, sondern ein Muslim oder Christ." [ZU_Purimfest_Google_S1_L8]

Die Informationssuchen mit dem Suchbegriff „Israel" führten mehrheitlich auf israelbezogenen Antisemitismus in Kombination mit klassischen Stereotypen. Diese klassischen Stereotype und Verschwörungsphantasien werden hier durch die Gleichsetzung JUDEN=ISRAEL auf Israel projiziert, so z. B. das Stereotyp JUDEN SIND SELBST SCHULD AM ANTISEMITISMUS. Unter den Ergebnissen der Recherchen zu den allgemeineren Suchbegriffen „Juden" und „Judentum" war die gesamte Bandbreite an Stereotypen, auch des religiösen Anti-Judaismus, zu finden.

„Wieso habt ihr nicht erwähnt das juden cristus ermordet haben , und israel zurzeit schlechtes image hat weil die kinder und frauen mörder sind ." [ZU_Judentum_Youtube.de_S1_L1]

Obiges Beispiel befand sich im Kommentarbereich unter dem ersten Video-Ergebnis nach Eingabe des Suchbegriffs „Judentum" auf YouTube.de am 15.07.2016 und artikuliert die klassischen antisemitischen Stereotype JUDEN ALS CHRISTUSMÖRDER UND JUDEN ALS KINDERMÖRDER.

Die drei Suchvorgänge zeigen deutliche Unterschiede: User, die nach enzyklopädischen Beiträgen suchen, werden eher mit einer Recherche auf Google.de fündig. Wenn aber das Interesse nach der Meinung anderer User im Vordergrund liegt, dann bietet Gutefrage.net deutlich mehr Ergebnisse. Und letztendlich bietet YouTube den Usern, neben der einfachen Vermittlung von Inhalten mittels Videos, zusätzlich die Möglichkeit, sich an einer schier unbegrenzten Diskussion zu beteiligen.

Antisemitismen in Recherche- und Suchportalen: Der ganz normale Wahnsinn

„Wieso sind Juden immer so böse? also die machen ja immer Krieg und so gegen Ägypten. Die sollen mal froh sein, dass die jetzt ein Land haben, aber wieso machen die jetzt noch Krieg? Ich hab ja nichts gegen Juden, nur gegen jüdische Soldaten, die arabische Länder angreifen und gegen Juden, die ihren Glauben ausleben! Damit zeigen sie nur, wie sie sich von anderen differenzieren wollen." (Gutefrage.net, letzter Zugriff 14.06.2018) [EB_GFN_20110101]

Obgleich die Frage explizit ein klassisches antisemitisches Stereotyp kodiert (denn durch die Frage der User wird die unterstellte Bösartigkeit von Juden als faktisch wahr präsupponiert), ist der Text auch nach acht Jahren für die Betreiber[75] noch immer eine „gute Frage" und daher auch nicht gelöscht.

Um diesen Aspekt der Informationssuche nach den Meinungen anderer Internet-Nutzer besser zu beleuchten, wurde die Eingabe der Suchbegriffe auf die Plattform Gutefrage.net erweitert, eine der meist frequentierten Rechercheportale im Web. Auffällig ist dort, dass die Wahrscheinlichkeit, antisemitische Äußerungen unter den Ergebnissen zu finden, deutlich steigt. So beinhalteten sieben der zehn Ergebnisse der ersten Ergebnisseite des Suchbegriffs „Holocaust" antisemitische Inhalte und zwar entweder in der Fragestellung selbst, oder in den dazu formulierten (nicht gelöschten) Antworten.
„Was ist der Holocaust/Märchen oder Wahrheit?" [ZU_Holocaust_Gutefrage.net_S1_L3]
Dieses Beispiel war das dritte Ergebnis auf die Eingabe des Suchbegriffs „Holocaust" in Gutefrage.net am 07.06.2016.

Sucheingaben führten auch zu Online-Bookshops mit Bewerbungen von Büchern, die judeophobe Verschwörungsphantasien verbreiten. So führt

---

75   Es findet sich vom gutefrage.net-Support folgender Verweis: „Deine Frage mag interessant sein, jedoch provozieren solche Fragen leider auch immer wieder politisch stark tendenziöse Äußerungen, die hier nicht erwünscht sind. Ich möchte Dich und auch die hier Antwortenden bitten, Rücksicht darauf zu nehmen. Die Beiträge werden sonst gelöscht. Bitte schaut diesbezüglich doch noch einmal in unsere Richtlinien", der die Frage zusätzlich legitimiert, da keine Löschung stattgefunden hat.

der zweite Klick auf der ersten Seite von Google bei der Recherche zu „Die Rothschilds" auf Online-Buchläden, wo User auf ein Buch wie „Die Rothschilds: Eine Familie beherrscht die Welt" aufmerksam gemacht werden, das persuasiv beworben wird als seriöses Werk:

„Fernab von abenteuerlichen Verschwörungstheorien identifiziert dieses Buch die Familie Rothschild als Kern einer weltweiten Verschwörung der Hochfinanz, deren Kontrollnetz sich wie Krakenarme um die ganze Erdkugel geschlungen hat und sich immer fester zusammenzieht."

Buch-Coverbild (das blutbefleckte Hände zeigt, die mit einem Messer in die Erdkugel stechen) und Klappentext kodieren bereits alle klassischen Stereotype und Argumente eben dieser klassischen antisemitischen Phantasie[76]:

„An ihren Händen klebt das Blut aller großen Kriege [...] Doch ihr Blutdurst ist noch lange nicht gestillt: Ihr Ziel ist ein alles vernichtender Dritter Weltkrieg und eine Weltregierung, gesteuert aus Jerusalem. [...] Die wahren Feinde der Menschheit[77] zu identifizieren, [...] ist das Ziel dieses Buches." [EB_AMAZON_Rothschilds_20151211]

Alle Proteste von einzelnen Bürgern, die eine Entfernung dieses Werks oder einen Hinweis auf die dort tradierten antisemitischen Verschwörungsphantasien forderten, sind bislang erfolglos geblieben.

Infiltrationen der Sozialen Medien durch Antisemitismen

Antisemitismen in Freizeit- und Unterhaltungsdiskursen (Bsp. Fanforen und Rap-Songs)
Dass Antisemitismen auch in nicht politisch oder ideologisch geprägten Diskursen, sondern auch in Bereichen der Unterhaltungs- und Freizeitbranche verbreitet werden, zeigt sich in Kommunikationsbereichen wie

---

76 Vgl. z. B. „Die Juden wollen [...] die Welt regieren. [...] deren Streben auf nichts Geringeres gerichtet ist, als auf eine allgemeine Weltrevolution." (Scharff–Scharffenstein 1872). Zu frühen Formen der Verschwörungsphantasie s. Heil 2006.

77 Die Phrase „Feinde der Menschheit" findet sich nicht zufällig auf zahlreichen Plakaten bei anti-israelischen Demonstrationen auf den Straßen. S. https://www.bz-berlin.de/media/demonstrationen-zum-al-kuds-tag-kolumne. Dieses Konzeptualisierungs- und Sprachgebrauchsmuster ist 2000 Jahre alt und findet sich bereits in den Schriften von Paulus (dort jedoch in einer kontextuell anderen, religiösen Lesart).

Fan-Foren: Sowohl in Orkenspalter.de und in United-Forum.de (Fantasy- und Spiele-Communities) als auch in Projektstarwars.de finden sich in Stichproben-Analysen zahlreiche antisemitische Texte und Bilder. Im „Off-Topic"[78] von Projekt Star Wars „schlussstrich-nazi-vergangenheit" finden sich u. a. die Stereotype des UNVERSÖHNLICHEN, NACHTRAGENDEN JUDEN:
„[...] Frieden kann es nur geben, wenn die Juden mal zum Schluss kommen, über den Dingen zu stehen [...]." [PSW_20050509_18:08_WT]

Kontinuierlich werden auch Schlussstrichforderungen artikuliert, die ein hohes Maß an Erinnerungsabwehr und Empathieverweigerung zeigen: „Schlußstrich? Ja auf jedenfall. Es kotzt einen echt langsam an. Dauernd Weltkrieg hier Nazis da und Juden wieder hier. Mein Gott ich glaube ganz Deutschland hat langsam kapiert. [...]" [PSW_20050509_15:55_SC]

Frequent sind auch Marginalisierungen des Holocausts durch relativierende Vergleiche:
„[...] Den Amerikanern wirft auch keiner mehr vor wielviele Eingeborene sie ausgelöscht haben [...] Das war in meinen Augen nichts anderes. Basta..." [PSW_20050509_15:03_M]

Ab 2010 werden vor allem Täter-Opfer-Umkehr-Kodierungen, die den Holocaust trivialisieren und Israel als Unrechtsregime diskreditieren, gekoppelt an Verschwörungsphantasien und Untergangsszenarien kommuniziert:
„Die Israelis besetzen faktisch Land was ihnen nicht gehört. Sie tun es weil sie mächtig sind [...] Denn wenn man immer Opfer war, macht es kurzfristig bestimmt spass auch mal Täter sein zu können. [...] die Juden werden daran am ende nicht nur psychisch zu Grunde gehen." [UF_20110721_22:47_M]

---

78 Off-Topics haben mit dem eigentlichen Thema der Webseite nichts zu tun. Die Fan-Foren bieten ihren Mitgliedern so die Möglichkeit, sich über verschiedene Sachverhalte und Ereignisse zu unterhalten, die sie als diskussionswürdig erachten. Ein unvoreingenommener User erwartet in einem solchen Diskursbereich keine Antisemitismen. Der Kreis derer, die der antisemitischen Propaganda potenziell ausgesetzt sind, weitet sich auf diese Weise aus.

Im Star Wars-Fan-Forum findet sich neben den Verbal-Antisemitismen ein Bild gepostet, das das jüdische Symbol der Menorah (den siebenarmigen Leuchter) im Zusammenhang mit Verschwörungsphantasien zum Kampf zwischen Gut und Böse in der Welt einbindet:

Abbildung 8
Quelle: Orkenspalter [EB_ORKEN_20141205]

Solche ikonischen Antisemitismen werden auch frequent in Rap-Songs benutzt: s. hierzu das Kollegah-Video Apokalypse[79], das die dunkle Figur des Bösen mit Davidstern-Ring zeigt und damit explizit an das Stereotyp der JÜDISCHEN WELTMACHT anknüpft. Viele Rap-Songs verbinden in ihren Texten Versatzstücke des antisemitischen Diskurses („jüdischen Zinssatz"[80], „Juden von der Börse"[81], „Rothschild-Theorie"[82]) mit israelfeindlichen Stereotypen („Israel, Mossad – Atommacht / Sie schlachten

---

79   Das Video ist nur noch in der ARD Mediathek abrufbar, bei YouTube (nach einer Sendung über Antisemitismus im Rap) nicht mehr online: https://www.ardmediathek.de/tv/die-story/Die-dunkle-Seite-des-deutschen-Rap/WDR-Fernsehen/Video?bcastId=7486242&documentId=51196000

80   S. Kollegah, Sanduhr. King, Selfmade Records 2014. (https://www.youtube.com/watch?v=g9g-fjXdQeb4)

81   S. Haftbefehl, psst!. Kanackiş, Azzlackz 2012. (https://www.youtube.com/watch?v=R__ENOT_b_4)

82   S. Haftbefehl, psst!. Kanackiş, Azzlackz 2012. (https://vimeo.com/160301344)

Palästinenser mit ihren Drohn' ab"[83]) und verbreiten so eine Symbiose von klassischem und israelbezogenem Antisemitismus an ein Millionenpublikum. Kodierungsformen dieser Art sind seit Jahren als Verbal-Antisemitismen klassifiziert und bekannt, so dass man davon ausgehen kann, dass Produzenten und Rezipienten um ihre Bedeutung und ihr Persuasionspotenzial wissen (s. das Kollegah-Korpus).

YouTube-Videos und Kommentare: Vernichtungsphantasien

„Juden sind das größte Elend der Menschheit" [EB_YT_20180500]
„einfach alle umbringen das sind alles Teufel" [EB_YT_Rothschilds_20150418]

Im YouTube-Bereich treffen User mit Schlagworten und Suchbegriffen wie „Judentum", „Zionismus", „Israel" auf zahlreiche Videos, die antisemitische Hasspropaganda und judeophobe Verschwörungsphantasien als „faktisch wahr" präsentieren. Diese Videos setzen auf Affektmobilisierung, indem sie eine Kombination von Angstszenarien mit Gruseleffekten und selbstkonzeptstabilisierenden Erkenntnisansprüchen („Wir durchschauen die Machenschaften") mit bipolarem Emotionswert (also sowohl positive Gefühle wie Gruppenzugehörigkeit als auch negative Gefühle wie Furcht) anbieten.
„Die Rothschilds: Eine Familie beherrscht die Welt." [EB_YT_20130923]
„Die geheime Weltregierung – Bester Vortrag aller Zeiten" [EB_YT_20120401]
„Zionisten kontrollieren die Medien, die Politik und die Banken" [EB_YT_20111024]

Die Filme präsentieren pseudorationale „Beweisführung" und „Evidenzvermittlung" mit affektivem Unterhaltungswert, der an Harry-Potter-Verfilmungen erinnert (und durch melodramatische Musik intensiviert wird), und haben daher für junge Menschen ein hohes Emotionspotenzial.

In den Kommentarbereichen kommunizieren die User wechselseitige Affirmation (Identitätsstärkung durch Abgrenzung vom „indoktrinierten Mainstream") und Abwehr von Fakten, Argumenten und anderen Meinungen. Sie heben sich mit ihren Äußerungen vom „verjudeten und zionis-

---

83 KC Rebell, TelVision. Abstand, Banger Musik/WM Germany 2015. (https://www.youtube.com/watch?v=OROd42ry9VU)

tisch unterwanderten System" ab, indem sie sich als besonders kritische Personen mit „Durchblick" präsentieren.
Selbst aggressive Gewaltphantasien und explizit gewaltandrohende Antisemitismen bleiben jahrelang einsehbar. S. z. B. die Kommentare zum Video bei YouTube „Die Rothschilds"[84]: eine Familie beherrscht die Welt" [EB_YT_20130923]. „Die Rothschilds und ihre Mitspieler müssen von dieser Erde gefegt werden. Und das wird auf friedliche Art nicht gehen." [EB_YT_Rothschilds_20130903_TW], „Euch soll die Pest holen unter großen Schmerzen sollt ihr büßen für eure Verbrechen an die Menschen dieser Erde" [EB_YT_Rothschilds_20130903_UW], „Wir sollten sie jagen und töten diese kriegstreiber aus gier" [EB_YT_Rothschilds_20130903_JG]

Dazwischen werden israelbezogene Stereotyp-Kommentare gepostet, die monokausale Schuldzuweisungen und Delegitimierungen tradieren: „Wenn ihr keinen Antisemitismus wollt, dann hört auf die Palästinenser zu unterdrücken und Ihnen das Land zu rauben." [ZU_Israel_Youtube.de_S1_L6]

Verknüpfung, Multimodalität und globale Verlinkung

„Das war der wahre Elie Wiesel, Menschenrechte, aber nicht für Palästinenser! (EB-Blog, 3.7.16, Zugriff am 4.7.18, 9.30)

Nicht nur die freie und schnelle Zugänglichkeit von Antisemitismen ist ein charakteristisches Kennzeichen des gesamten Web 2.0, sondern auch die multimodalen Referenzen und Verlinkungen. Typisch ist z. B. das folgende Beispiel: Auf dem Blog[85] einer israelfeindlichen Aktivistin wird im Facebook-Bereich posthum der gerade verstorbene Holocaustüberlebende und

---

84 Der Name Rothschild fungiert seit der NS-Zeit als besonders frequente Chiffre für Juden und Judentum.

85 Der vom Namen her harmlos klingende Blog Honigmann ist typisch für die Camouflage und die Intransparenz bei der Zuordnung solcher Diskursbereiche: Über diesen Blog wurden – bezogen auf aktuelle soziale und politische Geschehnisse – rechte Verschwörungsphantasien, Holocaustrelativierungen und Stereotype kommuniziert. S. z. B.: „Die jüdische Weltverschwörung gegen die Völker Europas ist nun offenkundig! – mit der Asylantenflut hat ihre letzte Phase begonnen" https://derhonigmannsagt.wordpress.com/2015/10/07/die-juedische-elite-hat-die-asylantenflut-zur-ausloeschung-der-voelker-europas-ganz-gezielt-von-langer-hand-geplant/, gespeichert am 16.11.2015, 11:52 Uhr, zur persuasiven Absicherung ist ein Photo von Präsident Obama mit orthodoxen Juden beigefügt.

Friedensnobelpreisträger Elie Wiesel verhöhnt und diskreditiert. Unmittelbar darunter im Facebook-Kommentarbereich findet sich die Gewaltphantasie: „Ich hoffe das noch mehr folgen !!" [EB_FB_EW_20160703_YI]

sowie das Post-Holocaust-Stereotyp des NUTZNIESSERS/AUSBEUTERS/ PROFITEURS:
„Manche haben es geschafft, den Holocaust als Quelle für Ruhm und Kohle umzupfriemeln." [EB_EW_20160703_A]

Mit einem weiteren Klick gelangen die Leser auf eine englischsprachige Seite, auf der Wiesel als Betrüger und Holocaustprofiteur diffamiert wird: „He managed to make million$ with his 'Holocaust Bu$ine$$' without ever proving that his stories were true." [EB_DES_20160703]

Verbale Mehrfachkodierungen erhöhen das persuasive Wirkungspotenzial von antisemitischen Texten und intensivieren dadurch nicht nur die semantische Aussagekraft, sondern durch die Technik der Wiederholung des gleichen Gedankenguts in formaler Variation auch Merkfähigkeit und Relevanz. Wenn etwas kontinuierlich wiederholt wird, speichert das menschliche Gehirn dies auf besondere Weise ab, ob man will oder nicht: Dies ist ein automatischer, wie ein Reflex ablaufender neuronaler Prozess.

Verschwörungsphantasien werden im Web daher besonders häufig durch multiple sowie multimodale Präsentationen (Audio, Video, Bilder, Sprache) verbreitet, z. B. Bilder und Karikaturen der folgenden Art:

Abbildung 9
Quelle: sichtvomhochblauen [EB_SVH_20160629]

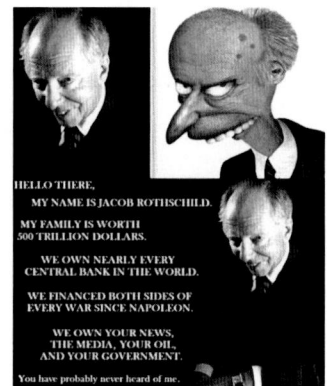

Abbildung 10
Quelle: Knowyourmeme [EB_KYM_2018]

Memes[86], Cartoons und Witze werden in allen Bereichen der sozialen Medien und international gepostet, um judenfeindliche Stereotype zu verbreiten oder um sich über das Schicksal des jüdischen Volkes lustig zu machen, so wie in den Tweets von Anhängern der Alt Right-Bewegung in den USA: „Never forget the 6 millions calories that didn' get burned" (Follower from R. Spencer, 2017-05-223) / „I am wandering the earth looking for a new gym. So this is what it feels like to be a Jew" (R.S. 2017-05-23 on Twitter)

oder im Tweet von Andile Mngxitama, einem schwarzer „Freedom Fighter" aus Südafrika, der feststellt:
„For those claiming the legacy of the [h]olocaust is ONLY negative think about the lampshades and Jewish soap." (EB-Twitter-24 August 2017)

Dass solche „Witze" dabei nicht nur von Rechtsextremen begrüßt und weit verbreitet werden, zeigt die Reaktion der Dozentin Rebecca Hodes[87] (Historikerin an der Universität Kapstadt). Sie fand die Aussage beachtenswert, da sie dafür sensibilisiere, „auch die Vorteile (benefits) des Holocaust" in den Blick zu nehmen:
„Those claiming the legacy of the Holocaust is 'ONLY negative' are fixated on the most perverse acts of the Nazi genocide, such as stretching the skin of a death camp inmate to make a lampshade, or using the human byproducts of industrial killing to produce soap. Their absorption in these atrocities obscures their recognition of the Holocaust's benefits. ... In the wake of revelations about Nazi atrocities, the first global mechanisms for protecting human rights were established."

Radikalisierung und semantische Intensivierung der Antisemitismen

„Nazi I$rael gegen den Rest der Welt... Juden, der letzte Nazi-Blutlinien-Kult..." [EB_YT_Israel gegen_20170700_SZ]

86 Memes sind eine neue Textsorte im Web, die Bild- und Textinformation spezifisch miteinander verbinden und durch die so erzeugte Pointe viel im Internet als Humorsignale benutzt werden. Die bekanntesten antisemitischen Memes nutzen Pepe, einen Kultfrosch, in Bildern, u. a. um sich über Juden lustig zu machen. Beliebt sind aber auch Bilder mit Kraken, Ratten und Zerrbildern von Juden mit überdimensional großen Nasen. S. hierzu Oboler 2014 und die Broschüre der AAS 2017.

87 Den Hinweis auf diesen Text verdanke ich Gunda Trepp.

6. „MIT EINEM KLICK": DIE ZUGÄNGLICHKEIT VON ANTISEMITISMEN IM WEB 2.0

„Judenschwein, Judenschwein,
Judenschwein!!!
ihr gehört wirklich in die
Lager hinein!!!" [EB_twitter_phi_16-08-2018]

Haben sich die Antisemitismen im Web 2.0 nur vermehrt oder haben sie sich auch inhaltlich verändert? Um Tendenzen der Radikalisierung im Web operationalisierbar überprüfbar zu machen, wurden drei Indikatoren angesetzt: NS-Vergleiche (mit Suchlexem Nazi-, NS-, Hitler-), Superlative (Morphem -ste, für Lexeme wie größte, schlimmste) und Pejorativlexeme mit drastischen Dehumanisierungen (Teufel-, Pest- und Krebs-[88]). Twitter, Facebook und YouTube-Kommentare wurden in Stichproben von jeweils 4.107 Types[89] und 30.094 Tokens für das Jahr 2012 und 4.077 Types und 30.009 Tokens für das Jahr 2015 mit AntConc (einem spezifischen Programm, mit dem man z. B. Worthäufigkeiten messen kann), um eine Tendenz hinsichtlich der Häufigkeit semantisch radikaler Antisemitismen festzustellen. Für 2012 ergab sich im Mittelwert eine Anzahl von 7,1%, für 2015 dagegen 15,4%. Eine Zunahme von 8% in drei Jahren kann konstatiert werden.[90] Die Anzahl extrem abwertender Verbalformen hat sich also in drei Jahren verdoppelt.

Die folgenden Beispiele illustrieren, wie solche Radikalformen bei Facebook und YouTube kodiert werden:
„Sind einfach keine Menschen, sondern vom Teufel besessene Kreaturen. Inshallah kriegen sie die höchste Strafe in der Hölle. .. amin";
„. elendes Pack!"; „diese israelische Teufel"; „Sollen die Hunde alle verrecken, nicht umsonst wurden sie schon immer und überall gehasst";
„Naja der staat Israel ist nun mal einer der größten Verbrecher und Mörder der welt" [FB_Bild_2014912_MIPR]
„Israel-Das rassistischste TERROR REGIME der Erde" [EB_FB_Falestin.de_video]

---

[88] Diese Lexeme sind in den historischen Texten von Judenfeinden seit dem Mittelalter besonders stark ausgeprägt zu finden. S. zur Teufelsmetaphorik auch Trachtenberg 1943.

[89] Types sind in der Korpusanalyse Worttypen, Token konkrete Wörter.

[90] S. hierzu auch Becker 2017, der anhand eines umfangreichen Korpus von Kommentaren der ZEIT und des Guardian festgestellt hat, dass sich zwischen 2012 und 2014 NS-Analogien in den ZEIT-Kommentaren von 6,2% auf 13,7% verdoppelt haben.

Dabei finden sich verbale Brachialformen keineswegs nur in extremistischen Web-Texten, sondern auch in den Sozialen Medien der Alltagsnutzer. Dies zeigt auch der Vergleich mit dem E-Mail-Korpus: NS-Vergleiche wie „Was Juden heute in Palästina tun, ist schlimmer als das, was die Nazis damals mit den Juden gemacht haben" (E-Mail eines promovierten linken Akademikers an die Israelische Botschaft in Berlin, 24.06.2017) und negative Bewertungen im Superlativ finden sich auch artikuliert von gebildeten Personen, die Namen und Anschrift geben. Oft gehen solche brachialen Antisemitismen mit pseudorationalen Begründungen und Umdeutungen des Lexems Antisemitismus einher:
„Wenn man... antisemit ist weil man gegen das abschlachten von kindern ist,dann bin ich gern antisemit..." [MT_22072014_3_13:56]

Eine Zunahme ist auch zu sehen in Bezug auf die Artikulation von multiplen Stereotypverbindungen. Die Aufzählung diverser „Schlechtigkeiten von Juden" (oder analog projiziert auf Israelis) und die Schuldzuweisung, diese seien verantwortlich für alle Übel in der Welt, gehört seit Jahrhunderten usuell zu den rhetorischen Mustern von judenhassenden Menschen:[91]
„Aus meiner Sicht ...ist die Ursache der globalen Radikalisierung des Islam, die dokumentierten Ergebnisse einer aggressiven Politik Israels gegenüber seinen Nachbarn und die eigenen ungeheuerlichen Verbrechen an den Palästinensern, bis hin zum verseuchten Trinkwasser durch Einleitungen von Abwasser! Eine BRD- Staatsräson sollte es gegenüber arroganten Religionen nicht geben!" [JSF_20170403_Focus_2]

Das Beispiel aus dem JSF-2017-Korpus[92] zeigt die Aneinanderreihung von klassischen Stereotypen wie JUDEN SEIEN SELBST SCHULD AM ANTISEMITISMUS, JUDEN SEIEN ARROGANT und JUDEN ALS BRUNNENVERGIFTER

---

91 S. z. B. „Was seind aber die Jüden? in warheit keine Bekenner / sondern Lästerer vnd schänder Gottes vnd Christi [...] Seind sie auch hochschädliche Leuth / ...(Saltzmann 1661, zit. n. Hortzitz 2005: 66 f.) oder „denn sie ist ein Unheil und eine Pest unseres Volkes." (Arndt 1814).

92 Das JSF-2017-Korpus besteht aus 1.420 Web-Kommentaren zu einem antisemitischen Vorfall an einer Schule in Berlin Friedenau. Der einem Schüler entgegen getragene Hass wird im angeführten Belegbeispiel marginalisiert und durch Verweise auf die israelische Politik legitimiert.

mit israelbezogenen Stereotypen (ISRAEL BEGEHT AGGRESSIV VERBRECHEN, ISRAEL IST VERANTWORTLICH FÜR JEDWEDEN TERRORISMUS[93]).

NS-Vergleiche im Web- und im E-Mail-Korpus: ein Textsortenvergleich

Im E-Mail-Korpus ist ebenfalls ein Anstieg von NS-Vergleichen (sowohl in Bezug auf deutsche Juden als auch auf Israelis) festzustellen.

Während im Vergleich zu den Jahren 2002 bis 2007 die Werte 2012 bis 2017 bei links- und rechtsextremen Schreibern mit 33,7% und 25,9% geringfügig gestiegen sind, ist ein starker Anstieg bei Verfassern aus der Mitte mit 21,2% und dem links orientierten Spektrum mit 27,4% in Bezug auf dieses radikale Sprachgebrauchsmuster zu sehen:

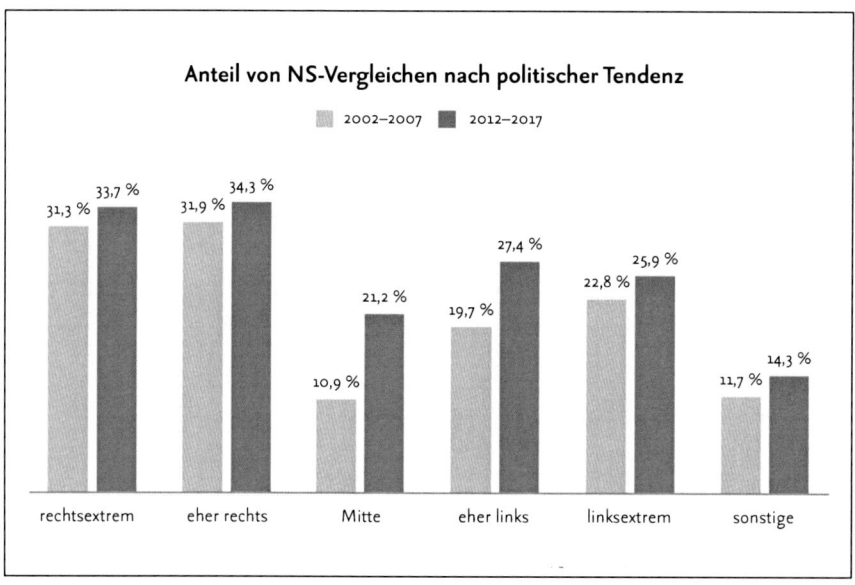

Tabelle 11: E-Mails 2002 bis 2007 (Daten nach Schwarz-Friesel/Reinharz 2013: S. 31) und 2012–2017.

---

93 Solche Antisemitismen werden auch in der analogen Kommunikation produziert: Vgl. die Äußerungen von Abbas, der sowohl das Stereotyp der Wasservergiftung als auch die Konzeptualisierung, der gesamte internationale Terrorismus würde nach der Besatzung enden, kommunizierte (S. http://www.europarl.europa.eu/sides/getDoc.do?pubRef=-//EP//NONSGML+IM-PRESS+20090203IPR48164+0+DOC+PDF+V0//DE&language=DE). Auch das Stereotyp, Juden seien aufgrund ihres Benehmens Schuld am Holocaust, wurde von Abbas artikuliert (S. https://www.tagesschau.de/multimedia/video/video-399615.html). Virtuelle und reale Welt interagieren hinsichtlich ihrer Antisemitismenproduktion also kontinuierlich.

NS-Zeit und Holocaust als Bezugsgrößen im Web 2.0
„Stimmt !!! Hat sich bestimmt Hitler auch gedacht als er den Holocaust gestartet hat. Absolut nachvollziehbar und vertretbar! Woher kommt nur dieser Judenhass?!" [YT_SRSLY_2014.05.01_AJ]
„Das was im deutschen Reich mit den Juden gemacht wurde wird jetzt mit den Palästinensern gemacht!" [EB_FB_Anon_20150428]

Die kognitiven und emotionalen Auswirkungen der NS-Zeit spiegeln sich im judenfeindlichen Sprachgebrauch über alle politischen, sozialen und ideologischen Grenzen hinweg wider. Es lassen sich aber gruppenspezifische Differenzen feststellen: Rechtsextreme rekurrieren sowohl formal als auch inhaltlich in nahezu identischer Weise auf nationalsozialistische Denkkategorien und Entwertungsmuster. Sie differenzieren auch nicht zwischen Juden und Israelis. Der Holocaust wird entweder geleugnet oder es wird bedauert, dass die Nationalsozialisten nicht effektiv genug gewesen seien und es noch Juden auf der Erde gebe.

Bei linken Verfassern und aus der Mitte zeigt sich eine Loslösung vom rassistisch fundierten Antisemitismus bei gleichzeitiger Verschiebung zum anti-israelischen Antisemitismus. Dabei greifen jedoch auch diese signifikant oft auf Stereotype des klassischen Judenhasses zurück. Linke und linksextreme Schreiber benutzen oft NS-Vergleiche in Bezug auf Israel.

Muslimische Verfasser benutzen die NS-Zeit ebenfalls als Bezugsgröße in ihren oft vulgär-aggressiven und extrem gewaltaufrufenden Kurztexten bei Twitter, Facebook und YouTube, um entweder im Vergleich eine Täter-Opfer-Umkehr auszudrücken („Was Muslime jetzt durch Zionisten erleiden, ist tausend mal schlimmer als...") oder das Phantasiekonstrukt des Kritiktabus anzuführen („Wegen der NS-Zeit darf man nichts gegen die Drecks-Juden sagen").

Allen Verfassern, die in Bezug auf Israel NS-Vergleiche[94] anführen, ist gemeinsam, dass sie gleichzeitig auf judenfeindliche Konzeptualisierungen zurückgreifen. Dass der Aspekt der Vergangenheitsbewältigung in Deutschland durch schuldzuweisende oder -abwehrende Verbalangriffe reduziert und kanalisiert werden soll, ist nur bei linken und rechten Antisemiten, nicht aber bei Muslimen zu beobachten.

---

94 S. hierzu auch Schwarz-Friesel 2013b und 2015g sowie Giesel 2017.

7. Judenhass als kollektiver Gefühlswert

Antisemitismus als kulturelle Geistes-Krankheit und kollektiver Wahn-Sinn: Wie Antisemiten denken und fühlen

„Ich habe nie wissentlich mit auch nur einem Juden zutun gehabt und vielen gehts ähnlich.
Wenn man von denen irgendwann mal was hört, dann irgendeinen Israelischeiß oder den Zentralrat, der sich wegen ALLEM ans Bein gepisst fühlt. Die mit ihrer Ideologie einhergehende Grundarroganz kommt noch dazu, da kann ich mir eigentlich recht gut vorstellen, warum viele die nicht mögen."
EB – Forum.ofworldplayers, 29.10.2013, als Reaktion auf den ARD-Film „Wie judenfeindlich ist Deutschland?"

Will man erklären, wie Antisemiten denken und fühlen, muss man sich immer klarmachen, dass es sich hierbei um ein kulturhistorisches Phänomen handelt. Antisemitische Denk- und Gefühlsprozesse werden maßgeblich von Kategorien bestimmt, die seit Jahrhunderten „Kulturerbe" sind, die im kollektiven Gedächtnis gespeichert und immer wieder aufs Neue aktiviert sowie situativ angepasst werden. Es ist insofern tatsächlich eine Krankheit des Geistes in der abendländischen Kulturgeschichte (wie im historischen Überblick bereits erörtert wurde). Als kognitives Deutungs- und emotionales Bewertungssystem entspricht Antisemitismus der Kombination aus „Weltanschauung und Leidenschaft", wie sie Sartre einst philosophisch beschrieb. Den Judenhass jedoch als „Furcht vor dem Menschsein" zu charakterisieren und die Hypothese „[...] wenn es keinen Juden gäbe, der Antisemit würde ihn erfinden." (Sartre 1966: 111), erfasst das Phänomen nicht. Denn Judenfeindschaft ist keine Kategorie des menschlichen Geistes, die im luftleeren Raum der Phantasie oder aus existenzieller Angst des Menschen vor sich selbst entstanden ist, sondern als Ergebnis eines zunächst religiösen Abgrenzungs-, dann eines kulturhistorischen Prozesses, der nur Juden und keineswegs alle Menschen zum Gegenpol, zum Bösen, zum Hassobjekt machte.

Dass das Konzept von Juden dabei nicht in der Realität verankert ist, ist allerdings spezifisch: Antisemiten denken völlig abstrakt, denn ihre Orientierungs- und Referenzpunkte liegen nicht in der realen Welt, sondern im mentalen Glaubens- und Weltdeutungssystem. Dessen Kategorien sind Abstrakta ohne Realitätsbezug. JUDE ist ein Abstraktum, da es sich in keiner Weise auf tatsächliche Juden bezieht, sondern auf ein kategoriales Konstrukt, eine geistige Phantasieentität.

Jude als Schimpfwort
Daher wird das Wort Jude auch in so vielen verschiedenen Kontexten als Schimpfwort benutzt, oft von jungen Menschen, die seine Bedeutung als referenzielles Appellativum (mit der Bedeutung ‚Mitglied der jüdischen Religionsgemeinschaft') gar nicht kennen. Jude hat aufgrund seiner Abstraktheit im Kommunikationsraum eine große Reichweite für Benennungen, die Schimpfwortcharakter haben. Im historischen Diskurs zeigt sich dies darin, dass man als Jude oder jüdisch auch nicht jüdische Menschen beschimpfte, die eine Meinung oder ein Verhalten an den Tag legten, das abgelehnt wurde (s. hierzu Schwarz-Friesel/Reinharz 2013, S. 68, Fußnote 18; ausführlich zum pejorativen Gebrauch von Jude im 19. Jahrhundert s. Nirenberg 2013). Im Web spiegelt sich dieses Sprachgebrauchsmuster international wider: So werden auch auf russischen Facebook-Seiten alle Politiker, die man besonders diskreditieren will, als Juden beschimpft. Tendenzen, die als schlecht bewertet werden, erhalten die Bezeichnung jüdisch: „Russen mutieren endgültig zu Juden" (Facebook 6.4.2018). Im Web 2.0 ist Jude ein Quasi-Synonym für ‚schlechte, böse Menschen'. Deshalb ist das Wort auch in zahlreichen negativ argumentierenden Texten als diskreditierender Ausruf zu finden: Jude! Juden. Ihr Juden...

Die Abstraktheit der Denkkategorie spiegelt sich in vielen Texten (sowohl im Web als auch in den E-Mails an den Zentralrat der Juden in Deutschland und die Israelische Botschaft in Berlin) wider:
„Ich kenne keine Juden, aber ich hasse sie, weil sie so grausam sind." (E-Mail an Botschaft, 2014) / „Mir sind Juden nicht bekannt, aber sie ekeln mich an." (E-Mail an Botschaft, 2016)

Ihr „Wissen" über Juden ist nicht primär, also über eigene Erfahrungen, sondern sekundär. Es wurde ausschließlich über abstrakte kommunikative Informationsprozesse erworben, also über das „Hören-Sagen" (s. Adornos „Gerücht über die Juden"). Sekundäre Informationen werden ungeprüft

geglaubt und verbreitet, wie die folgende E-Mail einer gebildeten Schreiberin eindrücklich zeigt:
„Brunnenvergiftung: Ich habe vor ca. 20 Jahren von biol. Substanzen, die bei der Flucht der Palästinenser 1948 von Zionisten ins Wasser geschüttet wurden – es soll eine Akte des Roten Kreuzes darüber geben. Aber ich habe das selber nicht recherchiert. Ich erhielt die Information von einem vertrauenswürdigen Kollegen."[95]

In ihrem Sinnsystem bewegen sie sich wie in einem Hamsterrad, das keine Informationen von außen hineinlässt. Daher rührt auch ihre kognitive Geschlossenheit und konzeptuelle Hilflosigkeit, wenn sie mit konkreten Fakten konfrontiert werden. Je mehr die reale Welt mit Gegenevidenz auf sie zukommt, desto hartnäckiger, verbissener und hasserfüllter reagieren sie mit Abwehr und Umdeutungsprozessen, damit ihr System erhalten bleiben kann: „Sie [= die Juden, MSF] arbeiten bewußt an der Zersetzung der Volksgeister und erstreben die Herrschaft über die Völker. Deshalb sind auch die Protokolle der Weisen von Zion – auch wenn es sich dabei um eine Fälschung handelt – authentische Zeugnisse des jüdischen Geistes." (Horst Mahler, zit. n. BfV 2005: 12)

Obgleich die Protokolle der Weisen von Zion als Fälschung anerkannt werden, sind sie im Deutungssystem des Antisemiten doch „authentisch". Seine Verschwörungsphantasie wird nicht angezweifelt. Antisemiten fehlt der „benefit of doubt", der Zweifel an den eigenen Glaubensinhalten, der rationales und kritisches Denken auszeichnet (cogito ergo sum). Unerschütterlich ist ihr Glaube: Sie glauben, ohne zu wissen. Sie „wissen", weil sie glauben. Sie glauben, weil sie fühlen. Bezogen auf die Äußerung von Horst Mahler: Er glaubt, dass die Juden die Herrschaft über die Völker anstreben, ohne es zu wissen. Denn er „weiß" es, weil er es glaubt. Und er glaubt es, weil er das Konzept der Machtgier von Juden in sich fühlt.

Demgegenüber weisen die Gefühle von antisemitisch eingestellten Personen eine extrem ausgeprägte Konkretheit und Intensität auf (s. hierzu ausführlich Schwarz-Friesel/Reinharz 2013, Kap. 9). Die Verfasser sind „tief

---

95 Aus der E-Mail Korrespondenz von Mitgliedern innerhalb des VS, des dt. Schriftstellerverbandes, 9.7.2016, anlässlich der Diskussion um die Rede von Abbas, in der dieser u. a. das judeophobe Stereotyp der Wasservergiftung artikulierte.

betroffen", „können kaum noch schlafen", es „zerreißt ihnen die Seele", sie „könnten nur noch kotzen", ihr „Herz ist schwer", sie sind „fassungslos", „sprachlos", „entsetzt, angeekelt". Emotionale Emphasesignale wie Interjektionen, Emojis, Schriftgröße und -farbe, exzessiv benutzte Interpunktion zu Beginn oder am Ende von Äußerungen verstärken diese Gefühlsbekundungen zusätzlich. Die emotionale Involviertheit (die z. B. bei der Beschneidungsdebatte 2012 besonders auffiel, häufig aber auch bei Kommentaren zum Nahostkonflikt zu beobachten ist), ist unverhältnismäßig für die Diskursform „kritische Stellungnahme" und steht in keiner angemessenen Relation zum Anlass und der persönlichen Situation der Schreiber. Obwohl selbst in keiner Weise von Beschneidung oder Bombenalarm betroffen, schreiben Antisemiten, als ginge es um ihr Leben. Konkreter und persönlicher könnten Gefühle nicht sein. Solche intensiven Gefühlswerte sind normalerweise nur bei persönlicher Betroffenheit zu konstatieren, d. h. wenn es sich um eigene existenzielle und familiäre Angelegenheiten handelt. Der intensive Hass wird gespeist aus einem kulturellen Wahn-Sinn. Es ist „Wahn" aus der Perspektive von nicht antisemitisch eingestellten Menschen, es ist „Sinn" für Antisemiten. Ihr Glaube erzeugt „Tatsachen", die im Kreislauf des sich immer um die gleichen Stereotype drehenden Weltdeutungssystems den Status der Wahrheit haben. Die „gefühlte Wahrheit", die subjektive Kopf-Realität, ist die einzige epistemische Autorität (also die Autorität des Wissenden), die Antisemiten akzeptieren.

Affektiver und rationaler Hass: Antisemiten, die aufrichtig hassen und Antisemiten, die versteckt hassen

„I hate Jews. I really do hate Jews." [EB_twitter_diss_04-06-2016]
„Ich kann den weltweiten Hass auf Israel jedenfalls nachvollziehen." [MT_22072014_3_17:22]

Antisemitismus ist untrennbar an die Emotion Hass gekoppelt. Dass Antisemitismus ohne seine emotionale Komponente nicht zu erklären ist, wird in der Forschung seit einigen Jahren anerkannt. Bislang gab es jedoch keine fundierten empirischen Analysen zur „Gefühlsstruktur"[96].

---

96 S. aber „Die emotionale Basis moderner Judenfeindschaft" in Schwarz-Friesel/Reinharz 2013 sowie Schwarz-Friesel 2017 und 2019b.

7. JUDENHASS ALS KOLLEKTIVER GEFÜHLSWERT

Diese Studie belegt: Hass ist die mit über 70,3% (Mittelwert) am häufigsten kodierte Emotion in den analysierten Web-Texten. Obgleich Gefühle immer von Individuen empfunden und artikuliert werden, es sich also um sehr subjektive Erfahrungen handelt, zeigt sich beim judenfeindlichen Hass zugleich, dass dieser einen kulturellen Gefühlswert[97] darstellt. Dieser Gefühlswert ist eine Prädisposition, über Juden nicht nur zu denken, sondern auch zu fühlen, eine emotionale Dimension, die Wahrnehmung und Gedanken bestimmt. Als Gefühlswert ist Judenhass eine generelle Bewertung – Emotionen sind Bewertungssysteme (s. Schwarz-Friesel 2013) –, ein negatives Urteil, das nicht in Frage gestellt wird, dessen Berechtigung als überindividuell empfunden wird.

Es ist ein Hass, der sich von Generation zu Generation erhalten hat über die Alltagskommunikation, Romane, Pamphlete, Spottgesänge, Predigten, Traktate, politische Reden, Postkarten. In monotoner Wiederholung der immer gleichen Stereotype und Argumente hat sich intensive Abneigung gegen Juden wie in einer Endlosschleife etabliert. Dieser über Jahrhunderte tradierte Gefühlswert zeigt sich auch in der Uniformität der verbalen Antisemitismen.

„Antisemitismus ist gewissermaßen der gefühlsmäßige Unterbau unserer Bewegung." (Feder, Gründungsmitglied der NSDAP, 1927)

Man empfindet nicht nur subjektiv individuell, sondern geprägt von Mustern, die man als moralisch integer erlebt. Die eigenen Gefühle sind daher von doppelter Intensität. Gefühlswerte entziehen sich auch konsequent der rationalen Aufklärung: Unerschütterlich wie der Glaube an Sonne, Mond und Sterne ist bei Antisemiten die Empfindung des Hasses.

Hass ist im emotionalen Bewertungssystem die intensivste Negativemotion, die es gibt. Hassende sehen das Hassobjekt mit Vehemenz als schädlich für die eigene Existenz an. Daher artikuliert sich beim Antisemitismus stets auch ein Vernichtungswille. Juden sollen entweder physisch zerstört werden oder ihre genuine Existenzform aufgeben. Entsprechend werden „Lösungsvorschläge" für den jüdischen Staat Israel vorgelegt. Die

---

[97] Dass Hass die primäre Emotion auch in der klassischen Judenfeindschaft war, zeigen unsere Korpusanalysen zu historischen Texten: In einem Subkorpus von 800 Texten (16. bis frühes 20. Jahrhundert) sind emotionsausdrückende Lexeme, die Hassgefühle kodieren, dominant.

Ultima Ratio des Judenhasses lautet: Die jüdische Existenzform soll aus der Welt verschwinden.

„Eines Tages seid ihr endlich ausgerottet,... Die Welt betet dafür." (E-Mail an den Zentralrat der Juden, 2009) / „Raus aus der Welt, raus aus dem Kosmos mit euch Juden!" (E-Mail an die israelische Botschaft, 2014) / „Bombt endlich den Drecksstaat Israel!" (E-Mail 2016)

Antisemitischer Hass tritt dabei (auch dies einer langen Tradition folgend) in affektiver und rationaler Ausprägung auf. Affektive Judenhass-Manifestationen sind im vulgär-obszönen Stil verfasst und weisen eine hohe Virulenz auf, die sich in Verwünschungen und Vernichtungsandrohungen (im Sinne der Erlösungsphantasie in der NS-Zeit) zeigt: „Ich hasse Juden!!!!!" (Twitter, 13.01.2017), „Verreckt, Ihr Dreckspack!" (Facebook, 2014). Typisch ist eine pejorative Emotionsausdruckslexik (*Unrat, Müll, Dreck, Schweine, Krebsgeschwür, Abschaum*), die obsessiv wiederholt wird und in Kombination mit zahlreichen Entwertungen kommuniziert wird.

„diese fxxx sind keine menschen. es sind hinterwelter mit rassistisch, hängengebliebenem charakter. sowas siehst du nur noch bei ganz alten oder ganz hirnlosen menschen. Schande für die menschheit" [FB_Falestin.de_video_IS]

„Außerdem ist das Internet voll von solchen abscheulichen, perversen, menschenverachtenden zionistischen Partys und die finden jährlich statt. Ihr liebt es und es befriedigt euch, wenn Araber/Palästinenser leiden und bluten." [EB_YT_Israel:Zionisten feiern Völkermord_2014_TUH]

Affektiver Hass wird – insbesondere von rechten und rechtsextremen, aber auch muslimischen Antisemiten – als ich-synton, d.h. normal, legitim, ich-kompatibel und selbstverständlich erfahren. Der eliminatorische Antisemitismus ist in diesen sozialen Gruppen dominant. Emotionen wie Mitleid oder Mitgefühl werden ausgeschaltet, dafür Hass evoziert und Zerstörungswünsche kommuniziert:

„Euch soll die Pest holen unter großen Schmerzen sollt ihr büßen für eure Verbrechen an die Menschen dieser Erde" [EB_YT_20171200]

Dies zeigt sich besonders prägnant in den Tweets zu #IsraelBurning, als die Medien über Großbrände in Israel berichteten (s. hierzu Kap. 4).

7. JUDENHASS ALS KOLLEKTIVER GEFÜHLSWERT

Abbildung 11 Quelle: Twitter [EB_TW_20161124]

Der alte Vernichtungswille ist im digitalen Zeitalter durch seine internationale Online-Verbreitung global.

Rationaler Hass dagegen artikuliert sich als ich-dyston[98], d. h. mit dem eigenen Selbstverständnis nicht kompatibel. Er wird – insbesondere von linken, mittigen und gebildeten Antisemiten – als befremdlich für die eigene Identität(skonstruktion) und das Selbstkonzept empfunden und daher negiert oder umgedeutet (z. B. als „moralische Empörung") und stets gerechtfertigt durch externe kausale Schuldzuweisungen: „Ihr Verhalten erzeugt weltweit Abscheu und Hass" (E-Mail an den Zentralrat der Juden, 2018), „Israel erzeugt diesen Hass" (Facebook, #NiewiederJudenhass, 2014).

Die Gefühlsprojektionen weisen auf einen intensiven Legitimierungszwang hin und belegen den Einfluss der Post-Holocaust-Bewertung[99] in Bezug auf Antisemitismus. Daher wird dieser meist eingebettet in Muster der Leugnung artikuliert. Personen, die sich selbst als „Friedensaktivisten" oder „Humanisten" bezeichnen, zugleich aber einen ausgeprägten Antisemitismus artikulieren, wollen nicht als Hassende ertappt werden. Hassen ist verpönt, gilt als Anzeichen einer mentalen Instabilität. Also greift man auf „rationale Manifestationsformen", in denen Hass primär im Darstellungsmodus auftritt, d. h. pseudo-rational mit „Daten" (die den Status von

---

98 S. Schwarz-Friesel 2015a und 2019.

99 Ich-dystoner Judenhass ist ein neuzeitliches Phänomen, das an die Prozesse der vernunftbasierten Aufklärung und Rationalisierung gekoppelt ist. Durch die Erfahrung Auschwitz ist es für einen humanistisch eingestellten, gebildeten Menschen schlichtweg unmöglich, den alten Judenhass bewusst zuzulassen. Daher kommt es bei judeophob eingestellten Personen zu Projektions- und Umdeutungsprozessen (s. hierzu Schwarz-Friesel 2015 und 2019).

„alternativen Fakten" haben) gerechtfertigt: „Fakt ist, dass..." ist mit über 20% eine der frequenten Einleitungsfloskeln in pseudo-rationalen Web-Kommentaren. Die Hasskodierungen sind kommunikativ kontrolliert(er) und in einer konventionellen Argumentationsform verfasst, basieren aber semantisch auf den gleichen stereotypen Konzeptualisierungen und emotional auf dem intensiven Abneigungsgefühl.

Viele solcher Schreiben weisen auf der Oberfläche Muster des rationalen Diskurses auf, und ihre Hasskodierungen sind nicht subjektiv, sondern generalisierend: „Die Welt hasst Israel" (Twitter 2015). Dadurch wird der Judenhass als quasi-universale und legitime Emotion erklärt. „Jeder hasst doch Israel!!!" (Twitter 2017). So entlasten sich diese Antisemiten emotional, indem sie ihren eigenen Hass als ein berechtigtes, weit verbreitetes Phänomen klassifizieren und kanalisieren. Eine andere Form projiziert den eigenen Hass externalisiert auf Juden und weist diese als Hassende aus: „Der jüdische Hass geht über die Lebenden hinaus" [EB_FB_20160608]

Auch dies hat eine lange Tradition im gebildeten Diskurs. „Das jüdische Volk wagt, einen unversöhnlichen Haß gegen alle Völker zur Schau zu tragen", so Voltaire 1784. Und in den frühen theologischen Schriften von Hegel heißt es: „Nicht zu leugnen sind die verkehrten und unmoralischen Begriffe der Juden von dem Zorn, der Parteilichkeit, dem Hasse gegen andere Völker, der Intoleranz ihres Jehova, [...]." (Hegel, 1800, Ausgabe von 1907: 359).

Sehr oft kommen Zuschreibungen der Art „Euer Verhalten erzeugt Hass bei uns!" oder „Ihr bringt den Hass in die Welt". Dies folgt dem Muster, Juden die Schuld an allem Üblen zuzuweisen – selbst für die eigenen Gefühle.

Ohne die affektive Erlebenskomponente, die maßgeblich die kognitiven Prozesse des Wahrnehmens und Bewertens beeinflusst, kann Antisemitismus nicht hinreichend erklärt werden: Widersprüche, Paradoxien, Fallacien und Kohärenzbrüche sind typisch für antisemitische Argumentationen. So beklagen z. B. die User im Web beständig ein Kritiktabu im massenmedialen Kommunikationsraum und verweisen gleichzeitig, dieser Aussage konträr widersprechend, mit zahlreichen Links auf besonders kritische Berichterstattungen (s. hierzu v.a. das Gaza-Korpus 2014). Ein spezifisches De-Realisierungsphänomen, das nicht nur im Web häufig und usuell benutzt wird, betrifft die Abgrenzung der beiden Sprechakte Kritik an Israel und Verbal-Antisemitismus und belegt die affektiv gesteuerte Realitätsverweigerung. Dass die Antisemitismusforschung präzise Kriterien zur Unterscheidung anlegen kann, wird ignoriert und ausgeblendet. Entsprechend finden sich unmittelbar unter Web-Interviews oder Artikeln, die beide Phänomene ausdrücklich voneinander abgrenzen, Kommentare wie „Kritik an Israel und Antisemitismus werden immer gleich gesetzt"[100].

Im hermetisch geschlossenen Glaubenssystem von Antisemiten wird stets eine eigene, eine gefühlte „Wahrheit" (re-)produziert und verteidigt, und dies besonders virulent, wenn die äußere Welt mit ihren Tatsachen den Wahn des Systems aufdeckt.[101] Judeophobes Denken und antisemitische Argumentation folgen einer Affektlogik[102], die alle Informationen der faktischen Realität negiert und/oder im Weltmodell immer so adaptiert, dass keine Zweifel und keine Unstimmigkeiten in der „Logik" entstehen. Judenhass lässt keine Zwischenstufen zu, sondern deutet zwanghaft alles am Gehassten ins Negative um.

„Alles Jüdische ist ohne Ausnahme böse" und Adaptionszwang: Pinkwashing als Fallbeispiel

„Die Juden sind heute die Gruppe, die praktisch wie theoretisch den Vernichtungswillen auf sich zieht, den die falsche gesellschaftliche Ordnung aus sich heraus produziert. Sie werden vom absolut Bösen als das absolut Böse gebrandmarkt. So sind sie in der Tat das auserwählte Volk." (Theodor W. Adorno und Max Horkheimer, Dialektik der Aufklärung. Philosophische Fragmente, 1944)

Im „Sinn"-System von Antisemiten sind Juden oder Israelis die ultimativ Anderen/Schlechten. Alle Informationen werden – ohne Ausnahme – diesem Sinn-System, diesem mentalen Modell zu- und untergeordnet, damit

---

100 S. hierzu ausführlich Schwarz-Friesel 2015b.

101 Daher werden besonders die Ergebnisse der Forschung mit intensiven Hassbekundungen abgelehnt und als „Fake", „Hysterie" oder „in Auftrag gegeben" klassifiziert. S. hierzu z. B. das ZEIT-Korpus mit 406-Kommentaren. S. hierzu auch Schwarz-Friesel 2015.

102 Ansätze, die das Konzept einer Affektlogik benutzen, gehen von einer untrennbaren Verbindung von kognitiven und emotionalen Prozessen aus. Rational gesteuerte Denkprozesse (Logik) werden von den Gefühlen (Affekt) maßgeblich beeinflusst (s. hierzu u. a. Ciompi 2002, aber auch Glucksmann 2005 und Kahnemann 2011).

es seine kognitive und affektive Stabilität ohne Dissonanzen erhalten kann. Ganz gleich, was Juden und/oder Israelis tun oder nicht tun, es wird als schlecht bewertet.

Dies zeigt sich im Web 2.0 z. B. beim Phänomen des Pinkwashing[103]. Es handelt sich hierbei um eine Verschwörungsphantasie, der zufolge sich Israel nach außen hin als tolerantes Land mit einer liberalen Haltung gegenüber Homosexuellen und Transgender-Personen präsentiert, um damit von der Unterdrückung der Palästinenser abzulenken. Entsprechend wird die jährliche große Gay-Parade in Tel Aviv negativ umgedeutet als „reine PR der Ablenkung von den Verbrechen des Apartheidsstaates" (s. u. a. www.pinkwatchingisrael.com). Diese Phantasie wird auf alles, was positiv in Israel ist (Demokratie und unabhängige Justiz, Frauenrechte, freie Presse, humanitäre Hilfsaktionen, Forschung und Technologie usw.) übertragen. Auch Medienberichte, die über Hilfsaktionen israelischer Ärzte und Aufnahme syrischer Flüchtlinge in israelische Krankenhäusern berichten, werden im generischen Duktus der Projektion „Israel ist schlecht" entweder als „Ablenkungsmanöver" bezeichnet oder entsprechend diskreditierend kommentiert: „reine PR, wenn Kamera weg ist, schmeißen sie die Flüchtlinge aus den Betten" (Facebook, 2016). Es findet sich dabei stets die für die Webkommunikation typische globale Verlinkung auf weitere Online-Seiten (z. B. BDS, Free Palestine-Kampagnen u.ä.). Der Adaptationszwang erstreckt sich auch auf harmlose, unpolitische Freizeit- und Unterhaltungsbranchen: Anlässlich des Eurovision Song Contest ESC

---

103 Das Phänomen Pinkwashing wurde im Projekt mithilfe einer explorativen Untersuchung erforscht. Anhand einer Stichprobenanalyse von 22 Kommentaren auf den verschiedenen Plattformen Facebook, Twitter und YouTube konnte gezeigt werden, welche Diskurse bei dem Phänomen Pinkwashing omnipräsent sind und inwieweit sich diese gleichen und wiederholen. Eine Suche mit dem Hashtag #pinkwashing ergab, dass dieser gerade im englischsprachigen Raum hochfrequent genutzt und obsessiv benutzt wird (s. Seiten wie www.pinkwatchingisrael.com oder www.nopinkwashing.org.uk). Aber auch im deutschsprachigen Web finden sich insbesondere in den Kommentarbereichen zahlreiche Hinweise, v.a. in YouTube-Kommentaren oder israelfreundlichen Seiten. Vgl. z. B. www.israelnetz.com in einem Artikel, der beschreibt wie Israel in der Welt hilft (17.03.2017) den Kommentar: „Ein Werbeartikel vom Feinsten! Soviel Selbstbeweihräucherung muss man sich erst einmal leisten... eine Imagekampagne...". Im Zusammenhang mit Pinkwashing wird auch zum Boykott verschiedener Veranstaltungen (u. a. dem Tel Aviv Pride March oder dem LGBT Film Festival) aufgerufen. Es existiert somit eine direkte Verbindung zu den BDS-Kampagnen, die zum Boykott gegen Israel aufrufen). S. auch die Facebook-Seite Berlin against Pinkwashing, auf der neben diverser Boykott-Aufrufe De-Realisierungen wie Israel als Apartheidsregime veröffentlicht werden.

posteten User im Vorfeld u. a. den Boykottaufruf „Zero.Points.To.Israeli. Apartheid" und nach dem Sieg der israelischen Sängerin Petitionen und Proteste[104] gegen eine Austragung des ESC 2019 in Israel. Zeitgleich wurden zahlreiche antisemitische Texte und Bilder im Web veröffentlicht.[105]

Abbildung 12
Quelle: Twitter [EB_TW_20180512_1]

Charakteristisch für die Affektlogik des Antisemitismus sind daher De-Realisierungen (Realitätsverlust/Deprivation), die sich u. a. in Informationsselektion bzw. -konstruktion zeigt, sowie ausgeprägte Faktenresistenz und irrationale Obsessivität. Antisemiten aktivieren Konzepte aus dem kollektiven Gedächtnis, ohne diese in Frage zu stellen. Muster der unikalen Entwertung werden im Web vor allem auf Israel projiziert: Wiederholungen von Stereotypen wie KINDERMÖRDER, LANDRÄUBER, JERUSALEM BESTIMMT BERLIN, und Verschwörungsphantasien wie „Gehirnwäsche der Israel-Lobby", „judaistischer Staatsterror" werden in den Texten mit NS-Vergleichen und/oder Vokabeln wie „Verbrechen", „Säuberung", „Schandtaten im Blutrausch", „Bombardierungsorgien" aneinandergereiht. Alle Texte sind in Bezug auf ihre Argumente nahezu strukturidentisch, was zum einen an der konzeptuellen Geschlossenheit und kognitiven Rigidität der Verfasser liegt, zum anderen aber auch daran, dass die benutzten Sprachgebrauchsmuster Bestandteil des kommunikativen Gedächtnisses sind (s. Pkt. Uniformität).

---

104 S. https://www.ecgermany.de/esc/2019/allgemein, zu Petitionen gegen eine Austragung in Israel.

105 Dies zeigte sich 2017 auch in Bezug auf den Actionfilm Wonder Woman, in dem eine Israelin die Protagonistin spielt. Dem globalen Boykottaufruf folgten im Web antisemitische Postings.

Erinnerungsabwehr und Mangel an Empathie: Dissoziationen im Gefühlshaushalt

„Ich bin erst lange nach dem 2. Weltkrieg geboren und habe deswegen auch kein schlechtes Gewissen. Und lasse mir auch keines einreden! Deswegen hasse ich den den ich will!!" [W_2014.09.12_BILD_Facebook_56]

Ausgeprägt mit über 20% Kodierungen in den Web-Texten sind auch Erinnerungsabwehr[106] und Gefühlskälte sowie Gleichgültigkeit in Bezug auf die Verbrechen im Holocaust. Auffällig ist hierbei, dass diese Abwehrreaktionen besonders oft in Online-Solidaritätsaufrufen zu konstatieren sind (s. Korpora zu Solidaritätsbekundungen). Gleichzeitig offenbaren diese Personen eine ungewöhnliche Intensität in Bezug auf ihre Gefühle, wenn es um Hassausdrücke gegen Juden geht. Dies geht einher mit einer übersteigerten Mitleidsbekundung mit den angeblichen Opfern „jüdischen Terrors". Die Schreiber bekunden „Erschütterung bis ins Mark" und ein „zerrissenes Herz mit tiefstem Mitleid". Bei diesem exzessiven Gefühlsaudruck verschmelzen vergangenheitsbezogene Schamabwehr (durch Täter-Opfer-Umkehr) und gegenwartsbezogenes Selbstmitleid. Die Schreiber wollen das Gefühl der Scham, mit den Verbrechen des Holocaust verknüpft zu sein, und sei es auch nur durch die deutsche Geschichte, von sich weisen. Das bekundete „Mitleid" erfüllt den Zweck, mittels Empathieprojektion das eigentlich im Fokus stehende Selbstmitleid zu legitimieren und auf eine Ebene zu transferieren, die den inneren Konflikt umgeht, sich als mitleidlose, egoistische und antisemitische Persönlichkeit zu erkennen (zu geben). Mitleid gilt als ein sozial akzeptiertes und gutes Gefühl, also wird das egoistische Selbstmitleid kanalisiert: Die grenzenlos überzogene Identifikation mit den „Opfern der Israelis" dient am Ende stets nur der Empathie mit sich selbst

---

106 Der Bruch in der Menschheitsgeschichte, die völlige Abkehr von Zivilisation und Humanität, den der Holocaust vollzog, ist im kulturellen Gedächtnis der Opfer und ihrer Nachkommen anders gespeichert als im kulturellen Gedächtnis der Täter und ihrer Nachkommen. Dabei ist nicht die kognitive Wertung prinzipiell anders (abgesehen von Alt- und Neonazis), wohl aber die emotionale Bewertung. Das traumatische Element findet sich bei Menschen, die keine Empathie mit den Opfern aufbringen, nicht. Zu Grausamkeit, Gefühlskälte und Empathielosigkeit beim Antisemitismus s. Schwarz-Friesel/Reinharz 2013 (Kap. 9.3).

(s. Schwarz-Friesel 2010). So bewegen sich Antisemiten in einem Spannungsverhältnis zwischen besonders intensiven Gefühlen und Gefühlverweigerungen. Es gibt kein Equilibrium im Gefühlshaushalt. Hierzu passen die exzessiven Freudesbekundungen bei Berichten über Leid- und Todeserfahrungen von israelischen Bürgern (wie sich u. a. bei #Israelburning zeigt; s. Kap. 4).

Hasssprache und Gefühlsbekundungen: Kaum Unterschiede in Bezug auf deutsche Juden oder Israelis
Sowohl Vertreter des deutschen Judentums/der deutschen jüdischen Gemeinden (und hier insbesondere des ZJD) als auch Botschaftspersonal sowie Politiker und Personen in Israel sind Hassobjekte. Kollektive Schuldzuweisungen, Diskreditierungen und judeophobe Stereotypkodierungen finden sich gleichermaßen. Die Verteilung der Lexeme Kindermörder und Holocaustnutznießer variiert jedoch: Ersteres wird häufiger Israelis, letzteres häufiger deutschen Juden zugewiesen. Die affektiven und rationalen Hassmanifestationen unterscheiden sich diesbezüglich nicht wesentlich: Es zeigt sich vielmehr eine ausgeprägte konzeptuelle Symbiose der Art, dass Juden und Israelis in den Referenzialisierungen gleichgesetzt werden. Dadurch wird das Stereotyp tradiert, Juden bildeten, gleich wo sie leben, ein homogenes Kollektiv und seien nur untereinander als Volk loyal (s. Pkt. Beschneidungsdebatte). Entsprechend werden deutsche Juden – sowohl von linken als auch rechten Schreibern – als mitverantwortlich für Gewalttaten im Nahostkonflikt erklärt und der ZJD u. a. als „dieses Sprachrohr zionistischer Politik"[107] klassifiziert.

Im deutschen E-Mail-Korpus werden sogar mehr NS-Vergleiche in Bezug auf den Zentralrat der Juden artikuliert als in Bezug auf Israel. Dies zeigt, dass deutsche Juden stärker im Fokus der Täter-Opfer-Umkehr und des Entlastungsantisemitismus stehen als Israelis. Israelis werden bevorzugt als „die Inkarnation des Bösen, als Teufel, als Bestien" klassifiziert.

---

107 S. http://juergenelsaesser.de/2014/12/20/liebe-muslime-fallt-nicht-auf-die-hetze-gegen-pegida-rein/ (zuletzt abgerufen am 20.02.2019)

Strukturidentische Affektmobilisierung bei Linken, Rechten und Muslimen

„Wir erwidern fahr zur Hölle du überflüssiges Wesen." [EB_FB_PWC]

Im Web spielen Affektmobilisierungen, also Aktivitäten, die andere User emotionalisieren und dadurch die Botschaften besondere Aufmerksamkeit sowie Überzeugung erlangen sollen, eine wichtige Rolle. Die judeophobe Affektmobilisierung von rechts, links und muslimischer Seite ist dabei nahezu strukturidentisch: Affektive Texte ähneln einander und die gleichen Emotionalisierungsstrategien werden benutzt. Nicht nur werden die gleichen klassischen Stereotype kodiert, auch werden viele israelfeindliche Karikaturen und Bilder gepostet, die den Staat Israel und zugleich alle Juden kollektiv in der Kindermörder-Rolle verunglimpfen und religiöse Symbole des Judentums als Symbole für Faschismus und Rassismus diskreditieren.

Hierbei ist auffällig, dass sich in den muslimischen Kommunikationsbereichen sowohl rechts- als auch (vermehrt) linksextremistische und pro-palästinensische Aktivisten/User zu Wort melden und ihre Antisemitismen multimodal mit vielen Verlinkungen auf einschlägige (auch internationale) Seiten verbreiten (s. hierzu Punkt zu Verlinkungen).

So tradiert das folgende Bild eines linken „Friedensaktivisten" in konzeptueller Symbiose von jüdischen Symbolen (Davidstern und Kippa) und NS-Vergleichen eine Täter-Opfer-Umkehr sowie de-realisierende Dämonisierung und kollektive Diffamierung.

Abbildung 13 Quelle: Twitter [EB_TW_20180520]

Bildmontagen stellen ein beliebtes Mittel dar, um Gefühle von Rezipienten zu aktivieren wie in dieser dämonisierenden Grafik als Reaktion auf die Anschläge in Paris (November 2015), die im Stil einer Karikatur erstellt wurde und auf der Facebook-Seite von Palestine Network Communication geteilt wurde.

Abbildung 14 Quelle: Facebook [EB_FB_PNC_00001120]

Netanjahu wird als jüdischer Marionettenspieler und dämonischer Drahtzieher im „Welttheater" für alles verantwortlich gemacht, was es an Leid, Tod und Krieg in der Welt gibt, auch für von Islamisten verübte Terroranschläge, für ISIS und den v.a. von Muslimen geführten Syrienkrieg. Neben Rothschild, der Chiffre für ‚jüdisches Macht- und Finanzwesen', wird die Verschwörungsphantasie ausgeweitet auf die Königin von England, um auszudrücken, das die gesamte Welt unter dem Diktat des Davidsterns steht. In vielen Fotomontagen werden Sympathieträger wie kleine Kinder als Opfer willkürlicher Gewalt präsentiert, um Empörung auszulösen.

Abbildung 15 Quelle: Palästina-Portal [EB_PAL_20151108]

Solche Bilder werden bei nahezu jeder Gelegenheit bei Twitter und Facebook gepostet, unabhängig vom Themenanlass. Typisch sind auch bildlich umgesetzte Vernichtungsphantasien, die Verbal-Antisemitismen flankieren und das Emotions- und Bedrohungspotenzial multimodal intensivieren:

Dieser ursprünglich bei der Facebook-Gruppe „Fuck-Israel" gepostete Cartoon zeigt zwei fröhliche Araber (neben der linken Figur steht Gaza Streifen, neben der rechten Figur West Bank), die einen orthodoxen Juden mit bluttriefenden Händen (als Symbol für den Staat Israel) gemeinsam aufhängen, und damit klar die gewünschte

Abbildung 16
Quelle: Facebook [EB_EOZ_20151008]

Vernichtung des jüdischen Staates kodieren. Facebook sah darin trotz Protest keinen Verstoß gegen seine Richtlinien. Solche Vernichtungsphantasien korrelieren mit dem viel geposteten Spruch „From the River to the Sea: Palestine will be free!", dessen klar und unzweideutig zu ziehende Implikatur lautet ‚Israel soll aufhören zu existieren'. Alle Modalitäten und Mittel werden genutzt, u. a. auch Emoticons und Emojis, um Gefühle der Empörung und Wut zu aktivieren.

„Herzlose Satans Bestien 😈💔....dreckige Zionisten....😠
möge Allah s.w.t. euch alle vernichten....amiiin🤲" [EB_FB_FAL_0101]

Rechte Antisemiten setzen sich dabei besonders für die „Meinungsfreiheit" ein, den Holocaust leugnen zu dürfen und verknüpfen den „Holocaustschwindel" mit israelbezogenem Antisemitismus:
„Ohne den Holohoax wäre der Landraub und Genozid in Palästina gar nicht erst möglich gewesen." [EB_FB_DFL_20151110_2]

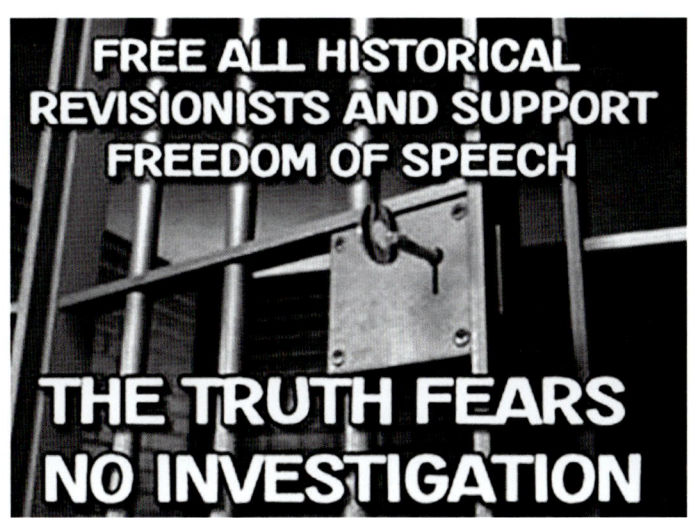

Abbildung 17 Quelle: Facebook [EB_FB_DFL_20151110]

Linke Antisemiten benutzen im Unterschied zu Rechtsextremen und Muslimen wesentlich mehr Camouflagetechniken, um ihre judenfeindlichen Posts zu legitimieren. Sie treten mit Moralappellen wie „zum Guten der Menschheit", im „Kampf für Gerechtigkeit", „gegen Rassismus" und oft unter der Selbstbezeichnung „Friedensaktivisten" auf. Im World Wide Web sind ihre Aktivitäten international aufeinander bezogen (z. B. mit linkem Campus-Antisemitismus in den USA oder in Südafrika).[108] Auffällig ist beim linken Antisemitismus der letzten Jahre, dass eine ostentative Toleranz und Solidarität gegenüber Minderheiten mit all ihren Besonderheiten kommuniziert wird, diese Toleranz sich jedoch nicht in Bezug auf einen jüdischen Nationalstaat[109] erstreckt. Um konzeptuell kompatibel mit den Basiskonzepten ihrer linken Ideologie zu bleiben, reklassifizieren sie ihre Antisemitismen daher stets als „legitime Kritik" oder „moralische Verpflichtung". Dies belegt den besonders starken Einfluss der Post-Holocaust-Bewertung in Bezug auf Judenhass bei dieser politisch-ideologischen Gruppe.

Bei stark affektmobilisierenden Texten wird die klare Abgrenzung von legitimer Kritik und Verbal-Antisemitismus besonders deutlich. Mittels emotionsausdrückender und -bezeichnender Lexeme, durch die Wiederholung hyperbolischer Superlativkonstruktionen und de-realisierenden NS-Vergleichen sowie mittels Ironie und Sarkasmus soll die Mobilisierung antisemitischer Gefühle von Usern erreicht werden, wie in dem folgenden Beispiel aus einem Blogtext[110]:

---

108 Dabei werden extreme Positionen vertreten. Auch die Bestätigung manifester Antisemitismen wie ‚Juden beherrschen Medien und Bankenwesen' wird kommuniziert: http://www.thetower.org/3191-stanford-student-senator-not-anti-semitic-to-question-whether-jews-control-media-and-banks, s. auch Schwarz-Friesel 2016a.

109 Im linken Antisemitismus findet sich stets die Legitimierungsstrategie, man „agiere zum Guten, für das Allgemeinwohl, für den Weltfrieden und die Gerechtigkeit". Dies ist typisch auch für die BDS-Bewegung. Nationalistische Tendenzen, die rechte Antisemiten kodieren, werden abgelehnt und zu Gunsten einer universalen Ethik ersetzt. Ein jüdischer Nationalstaat wird daher als „rassistisch, faschistisch und atavistisch oder als Okkupation" entwertet. Insbesondere linke Aktivisten in den USA und in GB weisen in ihren Texten alle Merkmale eines obsessiven Judenhasses auf, kodieren entsprechende Stereotype, camouflieren ihren Antisemitismus aber nach außen stets als „Kritik". S. z. B. www.occupywallst.org. S. auch Arnold 2016. Linksextremistische Texte weisen die gleichen De-Realisierungen in Bezug auf judeophobe Verschwörungsphantasien auf wie Rechtsextremisten und Muslime, s. z. B. http://die-rote-fahne.eu/headline57287.html.

110 S. hierzu das Phänomen der Paranoia, die mit kognitiver Deprivation und Obsessivität bei Formen der Psychopathologie des Antisemitismus zu sehen ist. S. u. a. Glucksmann 2005 und Hegener 2006. Dies darf aber nicht dazu führen, Antisemiten unisono als geisteskrank oder psychopathologisch verwirrt zu sehen. Ihre „Geisteskrankheit" ist ipsis litteris eine solche, denn der judenfeindliche Geist des abendländischen Anti-Judaismus ist die Grundlage ihrer Gefühlslage. Warum Menschen letztlich anfällig für antisemitisches Denken und Fühlen sind, ist eine Frage, die vor allem die Individual- und die Gruppenpsychologie zu klären hat: Prägung im Elternhaus, in den Peer Groups, der Schule, psychische Verfassung. Für die hier erörterte Problemlage spielen diese Faktoren keine Rolle.

„aber der ‚Jüdische Staat' versinkt immer mehr im Dunkel des moralischen Abgrunds. Alle Diktaturen oder Ethnokratien versuchen, Menschenrechtsgruppen und vermeintliche Gegner, die Vertreter der Gerechtigkeit, zum Schweigen zu bringen. Aber die Versuche der rechtsradikalen Netanjahu-Regierung, immer mehr rassistische Gesetze zu verabschieden, mögen im Moment von Erfolg gekrönt sein, aber auf Dauer werden die ‚Jerusalemer Rassegesetze' ebenso scheitern, wie das ‚Tausendjährige Reich'. ... Warum schreiben dieselben Medien immer völkerrechtlich falsch von ‚Israel', wenn es tatsächlich um ‚Palästina' geht? Warum wird das Konzentrationslager Gaza in deutschen Medien so gut wie nicht mehr erwähnt? ..." [EB_SVH_20151230]

Die unverhältnismäßigen NS-Vergleiche und die Brachialrhetorik offenbaren dabei kognitive Deprivation und affektive Projektion.

Affektlogik: Das Hamsterrad von Antisemiten und Eyes wide shut
Das hermetisch gegen Kritik und Realität abgeschlossene Glaubenssystem produziert seine eigene „Logik", der alles untergeordnet wird. Wahnhafte Phantasien und kontinuierliche Anpassung halten das „Sinnsystem" aufrecht und zusammen. Die „Affektlogik" des Antisemiten bewegt sich wie ein Hamster im Hamsterrad: Sie bildet einen Kreislauf, der nur zu durchbrechen wäre, wenn man das Rad verließe. Genau dagegen wehren sich jedoch Antisemiten massiv, da sie die Rad-Realität für wahr halten und einer massiven Selbsttäuschung erliegen. Es ist eine „gefühlte Wahrheit", an die ohne eigene Erfahrung und ohne den Wunsch nach einer solchen Erfahrung geglaubt wird, weshalb u. a. das anti-israelische Narrativ, das seit der zweiten Intifada weite Teile der massenmedialen Berichterstattung prägt[111], aufgegriffen und als absolute Evidenz deklariert wird: „Ich brauche nicht selbst nach Israel zu fliegen. Ich weiß schon alles über dieses miserable Land und seine grausamen Bewohner!"[112] Das subjektive Gefühl des Hasses wird aus dem Hamsterrad auf die Welt projiziert und

---

[111] S. Beyer 2016, der in Korpusanalysen wesentliche Charakteristika dieses anti-israelischen Narrativs untersucht hat. Israel erhält demzufolge oft den alleinigen Status ‚Täter' und wird plakativ als Hauptschuldiger im Konflikt verurteilt.

[112] E-Mail an die israelische Botschaft. Sigle: IBB-Gaza2014-98.

damit zu einer quasi-universalen Emotion erklärt. „jeder hasst die juden!!!"[113]

Oft werden der eigene Hass sowie die eigene Irrationalität auf Juden und/oder Israelis übertragen, wobei gleichzeitig die eigene moralische Überlegenheit betont wird. „Versuchen Sie nicht wie ein Kleinkind zu denken und zu handeln, sondern wie ein vernünftiger, friedenliebender Mensch", schreibt ein Herr an den Zentralrat der Juden[114], nachdem er zuvor diesen mit diversen Antisemitismen für mitverantwortlich am „Massaker von Gaza" und sich selbst namentlich als Humanisten erklärt hat. Ein anderer Schreiber benennt seinen emotionalen Ausnahmezustand, führt diesen kausal auf das Verhalten des Zentralrates zurück und projiziert den eigenen Starrsinn auf diesen. „Doch in meiner jetzigen Rage scheint es mir sogar sinnvoll zu sein, dies so zu schreiben, denn ich wünsche mir, daß Sie nicht so verstockt und verbohrt sind und das mein Apell Sie so erreicht!"[115] Antisemitismus als emotionale oder kognitive Störung nur von Individuen[116] zu erklären, erfasst jedoch nicht das Phänomen in seiner Ganzheit und Komplexität, in seiner kulturhistorischen Verankerung. Ein Blick auf die „Kulturgüter" des Abendlandes offenbart stets eines: Dass das judenfeindliche Ressentiment kein Vorurteil unter vielen war und ist, sondern ein historisch unikales und im kollektiven Bewusstsein verankertes Werte- und Glaubenssystem, und als solches ein Phänomen der Weltdeutung. Judenfeindschaft lässt sich als ein rigides mentales Modell beschreiben, das sich ausschließlich aus Stereotypen zusammensetzt, die keinen Wahrheitswert haben und Phantasieprodukte sind, die allein dem übergeordneten Zweck dienen, die bewertende Konzeptualisierung von den ‚Juden als dem Übel der Welt' aufrecht zu erhalten. Diese Konzeptualisierung spiegelt sich seit Jahrhunderten in den Sprachstrukturen judenfeindlicher Texte wider und findet heute seinen modernen Ausdruck in

---

113   E-Mail an den Zentralrat. Sigle: ZJD_Gaza09_ste_001.
114   Sigle: ZJD_Gaza2009_212/816.
115   Sigle: ZJD_27.07.2006_Stu_001.
116   Und diese Individuen können ein harmonisches Familien- und Sozialleben haben, erfolgreich und effizient im Beruf sein, unauffällig bis zu dem Punkt, an dem es um Juden/Judentum und/oder Israel geht. Dann übernimmt das mentale Modell ihr Denken, dann geraten sie in das Hamsterrad des judeophoben Ressentiments.

den krass entwertenden Bezeichnung Israels als „Menschenfeind", „Weltenübel" und „größte Gefahr für den Weltfrieden"[117].

Realitätsverlust und Faktenresistenz
Die selektive Informationsverarbeitung und das Augen-Verschließen zeigt sich nicht nur bei allgemeinen Fakten, sondern besonders affektiv bei empirischen Forschungsergebnissen, die ungeprüft und ohne Gegenevidenz als „Antisemitismuskeule" oder „Hysterie", „übertriebene Panikmache" oder „bezahlt von der Israel-Lobby", „Mossad-Agenten" disqualifiziert werden[118]. Hier offenbart sich zum einen die Rigidität und mangelnde Bereitschaft, sich in Frage zu stellen, zum anderen aber auch die kognitive Hilflosigkeit von Antisemiten, die aufgrund der Abstraktheit ihrer Denkprozesse mit den konkreten Tatsachen der realen Welt nicht fertig werden. Da Antisemiten nur auf Glaubensinhalte und gefühlte Wahrheiten rekurrieren, nicht aber auf reale Gegebenheiten, müssen sie Fakten, Forschung und ihre Produzenten delegitimieren, etwas Anderes steht ihnen nicht zur Verfügung.

---

[117] S. Schwarz-Friesel, Reinharz 2013, und Schwarz-Friesel 2015a, b, 2019.
[118] Schwarz-Friesel 2015d.

8. „Ich bin sicher kein Antisemit!" Leugnung, Bagatellisierung und Umdeutung als Muster der antisemitischen Argumentation

„Tut mir leid, ich finde diese stereotypen Hinweise über Antisemitismus ... in Deutschland nur noch peinlich. Ich kann beim besten Willen keine Judenfeindlichkeit erkennen, befürchte allerdings, dass diese gebetsmühlenhaften Vorwürfe dazu führen könnten." [EB_FAZblog_20171013]

„Man kann einfach Israel nicht kritisieren, sonst gilt man als Antisemit, obwohl es notwendig/berechtigt/richtig ist." [EB_yt_tagesschau_AS_19072018]

Post-Holocaust-Bewusstsein und das Bedürfnis der Antisemitismusabwehr

Angesichts der hier erörterten Forschungsergebnisse stellen sich Fragen: Hat die Aufarbeitung nach dem Holocaust nichts bewirkt? Hat die Erfahrung Auschwitz zu keinem Umdenken geführt? Gab es keinerlei Zäsur bezüglich des abendländischen Judenhasses durch den präzedenzlosen Zivilisationsbruch? Das kann und soll man so nicht stehen lassen. Natürlich hat sich in Teilen der Gesellschaft durch Aufarbeitung und Aufklärungsarbeit ein Bewusstsein entwickelt für die Irrationalität und Grundlosigkeit von Judenhass, haben bislang alle Regierungen in Deutschland nach 1945 Antisemitismus scharf verurteilt, gibt es zahlreiche Bestrebungen von geschichtsbewussten und verantwortungsvollen Menschen, die sich für eine sensible Erinnerungskultur und einen energischen Kampf gegen aktuellen Judenhass einsetzen. Das Post-Holocaust-Bewusstsein unserer Gesellschaft, das sich in den letzten Jahren entwickelt hat, steht in klarer Opposition zu der langen kulturhistorischen Tradition, Judenfeindschaft als normal und selbstverständlich zu akzeptieren.

Doch genau dieses Bewusstsein hat auch dazu geführt, dass viele Antisemiten nicht mehr offen zu ihrem Ressentiment stehen, wie es vor 1945 der Fall war, sondern opportune Ablenkungsmanöver und Reklassifikationsstrategien benutzen, um ihre judenfeindlichen Äußerungen und Aktivitäten (auch vor sich selbst) zu legitimieren. Sie berufen sich dabei auf demokratische Werte, die hohe Relevanz in unserer modernen Gesellschaft haben, wie die Meinungsfreiheit. Unter dem Deckmantel dieser Meinungsfreiheit artikulieren und verbreiten sie klassische Judenfeindschaft, verbrämen diese aber mittels anderer Bezeichnungen wie „legitime Kritik" (s. hierzu bereits die Abgrenzung von Kritik und Verbal-Antisemitismus in diesem Buch).

Ein auffälliges kommunikatives Phänomen bei der aktuellen Judenfeindschaft ist also, dass viele Verfasser von judenfeindlichen Texten vehement leugnen, antisemitisch eingestellt zu sein, obgleich ihre Äußerungen die typischen Charakteristika des Verbal-Antisemitismus aufweisen. Zugleich leugnen und relativieren sie auch, dass Deutschland ein Problem mit aktuellem Antisemitismus hat. Zu diesem kommunikativen Phänomen, das stark von der Affektlogik des antisemitischen Denkens und Fühlens bestimmt wird, gibt es bereits detaillierte Abhandlungen (s. Schwarz-Friesel/Reinharz 2013, Kapitel 11 und Schwarz-Friesel 2015a). Daher werden in diesem Buchkapitel nur die für das Web 2.0 relevanten und häufigen Abwehr- und Relativierungsstrategien erörtert.

Antisemitismen in den sozialen Medien sind oft kurz und bestehen aus Stereotypkodierungen (MACHTGEILE, GELDGIERIGE JUDEN), Gewaltandrohungen („Wir machen euch alle, Bomben auf Israel!"), Beleidigungen („Schweine, Dreckspack, inhumane Verbrecher"), Verwünschungen („Verflucht seid ihr"), Verschwörungsphantasien („Juden beherrschen die internationale Presse") und affektiven Emotionsverbalisierungen („Ich hasse Juden").[119] Die Artikulation in Online-Kommentarbereichen der Mainstream-Medien, in Foren und auf Facebook erfolgt aber zusätzlich eingebettet in Kommunikationsmuster, welche die antisemitische Semantik legitimieren sollen. Bestimmte, sich kontinuierlich wiederholende Initiativstrategien sind dabei typisch für den gesamten antisemitischen Diskurs im 21. Jahrhundert, auch im analogen öffentlichen und massenmedialen Kommunikationsraum. Sie sind initiativ, weil die Schreiber den Vorwurf des Antisemitismus, den sie antizipieren, Vorweg nehmen und aushebeln wollen. Ihren judenfeindlichen Äußerungen sind daher Abwehr- und Umdeutungsargumente voran gestellt wie „Ich bin keineswegs antisemitisch" oder „Dies ist nur berechtigte politische Kritik, die ich hier äußere". Solche Kommunikationsstrategien prägen maßgeblich die Debatten um Antisemitismus nicht nur im Internet, und sind mittlerweile als eigenes Narrativ, d. h. eine festgelegte Darstellungsform, etabliert. Da sie auch im öffent-

---

[119] Alle diese Beispiele stammen aus einem 150 Tweets umfassenden Subkorpus aus dem Jahr 2017.

lichen Kommunikationsraum und z.T. von gebildeten Personen benutzt werden, auf deren Stimme man durchaus hört, stehen sie einer breiten Auseinandersetzung und Bekämpfung von Antisemitismus im Weg. Deshalb ist eine kritische Auseinandersetzung mit ihnen von enormer Bedeutung.

Die routiniert verwendeten Strategien sollen die juden- und israelfeindlichen Botschaften absichern, sie legitimieren und die Produzenten gleichzeitig vor dem Vorwurf schützen, Antisemiten zu sein. Sie lassen ein homogenes Muster erkennen, das maßgeblich von pseudorationalen Argumenten bestimmt wird:
- Leugnung und defensive Selbstverteidigung[120]: „Ich bin kein Antisemit, aber...",
- Legitimierung und moralische Selbsterhöhung: „Als Humanist/Freigeist/Friedensaktivist/kritischer Denker muss ich ...",
- Rechtfertigungen mit kausalen Erklärungen und Schuldzuweisungen „Israels Politik ist schuld..."; „der Zentralrat schürt Vorurteile...",
- Relativierungen und Marginalisierungen: „Islamophobie ist schlimmer", „Antisemitismus ist vor allem bei Rechtsradikalen anzutreffen",
- Erinnerungsabwehr und Empathieverweigerung: „Endlich Schlussstrich ziehen",
- Umdeutung und Re-Klassifikation von Antisemitismen: „Das ist politische Kritik, Meinungsfreiheit, Kunst".

Allgemeine Abwehr durch Leugnung des Antisemitismus als allgemeines gesellschaftliches Phänomen ist mit einem Mittelwert von 24,3% weit verbreitet, insbesondere in den Kommentarbereichen der Online-Qualitätspresse: „Vernehmen Sie die Die frohe Botschaft: Antisemitismus in Deutschland ist tot. Toter geht's nicht." [EB_Zeit_2018_WD]

Die Leugnung des eigenen Verbal-Antisemitismus („Ich bin kein Antisemit"), auch wenn die darauf folgenden Äußerungen klar erkennbar judenfeindliche Stereotype kodieren, ist mit einem Mittelwert von 42% im

---

120 Dies geht oft einher mit einer Delegitimierung der Antisemitismusforschung. Es wird unterstellt, man verbreite „subjektive Daten", die Studien seien „in Auftrag gegeben oder bezahlt von Israel/den USA", s. hierzu z. B. das über 400 Kommentare umfassende ZEIT-Kommentare-Korpus von 2014.

Web 2.0 besonders frequent (im E-Mail-Korpus mit 53%, s. Schwarz-Friesel/Reinharz 2013). In den E-Mail-Korpora zeigt sich, dass insbesondere gebildete und linke Antisemiten großen Wert darauf legen, ihre antisemitischen Äußerungen mittels (pseudo-)rationaler Argumente zu rechtfertigen. Die Verfasser wollen vermeiden, als Antisemiten klassifiziert zu werden. Gleichzeitig ist ihr emotionales Bedürfnis, die antisemitische Semantik zu verbreiten, so ausgeprägt, dass sie sich nicht einer kritisch-rationalen und angemessenen Rhetorik bedienen. Wider alle Vernunft, wider alle kognitive Kenntnisstrukturen verbleiben sie mit ihrer gefühlten Wahrheit im Hamsterrad stecken (s. hierzu das Kapitel zur Affektlogik).

Die Strategie der Selbstlegitimierung und moralischen Erhöhung, die den Abstand zu den kritisierten Juden und Israelis entsprechend verstärkt, ist gekoppelt an Sätze einer allgemeinen Ethik wie „Wir handeln im Namen von Gerechtigkeit und Menschenrechten" und aus „Sorge um den Weltfrieden" oder „im Interesse aller". Zugleich unterstellen diese Antisemiten Juden und Israelis einen Mangel an moralischer Integrität („inhumanes Verhalten", „skrupellose Verbrecher"), was der langen judeophoben Tradition folgt, Juden zu diskreditieren. Die Rechtfertigungsstrategien basieren auf kollektiven Schuldzuweisungen der klassischen Judenfeindschaft und führen somit die Tradition fort, Juden (oder in der Stellvertreterfunktion Israel) verantwortlich für Antisemitismus und für alle Übel in der Welt zu machen:
„Wie einfach niemandem die Idee kommt[121], das die Juden durch das arrogante und Doppelmoralische Verhalten von Jüdischen Gemeinden sowie dem Staat Israel eine grosse mitschuld an dem Hass gegen sie tragen" [EB_yt_tagesschau_AS_19072018_RD]

Relevanz- und Themen-Verschiebungen, die andere Phänomene (wie Muslimfeindschaft oder Xenophobie) als wichtiger herausstellen und damit den aktuellen Judenhass als Phänomen trivialisieren, fallen unter die Kategorie der Relativierungsstrategien (die besonders oft bei Webaufrufen gegen Judenhass zu finden sind).
„Mir kommen die Tränen kippa Tag...!!Free Palastina wäre angebracht-nichts anderes..!!" (FB_BerlinerMorgenPost_25.04.2018_EY)

---

[121] Einschlägige antisemitische Stereotype als eigene, individuelle Meinungen auszugeben, ist dabei – wie in diesem Text – ebenfalls typisch.

Auch der historische Antisemitismus und der Massenmord an den Juden wird dabei durch unangemessene Analogien marginalisiert:
„Israel prangert also den Antisemitismus an, so. Ich würde vorschlagen, Exkursionen nach Auschwitz mit Filmen über palästinensische Flüchtlingslager zu kombinieren und diese leidige Anprangerei durch humane Taten zu ersetzen." [EB_TS_22-01-2017_wo1]

Begleitet werden diese Argumentationen stets durch reklassifizierende Sprechakte, die die selbst produzierten Antisemitismen als „legitime Kritik" umdeuten.
„… dass ein Deutscher Israel nicht kritisieren kann, ohne als antisemitisch zu gelten und dass dies inakzeptabel sei." [KIK2_183_Tagesspiegel]

Dass diese Schreiber aber gar keine Kritik, sondern klassischen Verbal-Antisemitismus produzieren, den sie lediglich als ‚Kritik' deklarieren, wird gemäß ihrer Hamsterrad-Affektlogik ausgeblendet. Typisch ist in diesem Zusammenhang die Verschwörungsphantasie, die deutsche Regierung stünde unter dem Machteinfluss zionistisch-jüdischer Lobbygruppen.
„…da die deutsche Politik sich vollständig dem Druck des Zionismus gebeugt hat." [EB_RT_20180624]

„Aber VORSICHT, wenn Sie das Wort: ‚Jude' in den Mund nehmen, sind Sie schon ein Antisemit und Nazi." [EB_FB_ZJD_20151123]

In diesen Zusammenhängen ist auch ein Kampf um die Deutungshoheit des Wortes Antisemitismus zu sehen:
„Wenn man mich als Antisemit abstempelt, weil ich den STAAT Israel kritisiere bin ich ein stolzer Antisemit ♥♥♥" [BBT_20170109_Berliner-Morgenpost_FB_37]

„Wenn man... antisemit ist weil man gegen das abschlachten von kindern ist,dann bin ich gern antisemit..." [MT_22072014_3_13:56]

Schreiber, die so sarkastisch „argumentieren", führen in diesem Zusammenhang immer eine enge, unzulässige Definition an, die das Phänomen des Antisemitismus entweder historisch auf die NS-Zeit oder aktuell ausschließlich auf Rechtsradikale und Neonazis mit ihrem rassistischen Judenhass einschränkt.

Das imaginierte Kritiktabu: Zur angeblichen Gleichsetzung der Sprachhandlungen „Kritik an Israel" und „Verbal-Antisemitismus"

„Jeder Kritiker Israels muss damit rechnen, als Antisemit beschimpft zu werden." [KIK_4_197_Der Spiegel]

„Ach ja den Mord und Land-Diebstahl der israelischen Waffen SS Gruppe zu kritisieren ist anti-semitisch?" [EB_yt_tagesschau_AS_19072018_st]

Mit 42,1% (Mittelwert) ist das Stereotyp des Kritiktabus[122] seit 2012 ein häufig kodiertes Konzept in der antisemitischen Argumentation: Es gebe ein Tabu, aufgrund der deutschen Geschichte, Israel (und/oder Juden) zu kritisieren. Dieses Argument geht einher mit der Aussage, Antisemitismusvorwürfe würden inflationär gebraucht, im deutschen Kommunikationsraum würde „Kritik an Israel mit Antisemitismus stets gleichgesetzt"[123].

Es wurde empirisch überprüft, ob es tatsächlich eine solche kommunikative Tendenz oder Praxis gibt. Das Kritik und Antisemitismus Korpus (KIK) wurde durch eine Suchanfrage nach den Begriffen *Israel-Kritik* und *Antisemitismus* oder *Antisemitismus, Israel und Kritik* mittels der Lexis-Nexis-Datenbank[124] erstellt. Es enthält 926 Artikel, die im Zeitraum von April

---

[122] Dieses hat, wie die meisten Stereotype, eine lange Tradition. So behauptete schon der Journalist und Publizist Wilhelm Marr in seiner antisemitischen Schmähschrift „Der Sieg des Judenthums über das Germanenthum" (1879), man dürfe in Deutschland nichts „gegen die mächtigen und einflussreichen Juden" sagen. In dieser Schrift findet sich auch das Phantasma einer kleinen, aber bedeutenden jüdischen Macht, die Presse, Wirtschaft, Politik im Griff habe und in Deutschland sowie weltweit die Fäden ziehe. Auch Marr, sowie im exakten Wortlaut die heutigen Antisemiten, betonte die Faktizität seiner Aussagen, die „nichts als die Wahrheit" darstellten; und auch die Leugnung des eigenen judenfeindlichen Ressentiments findet sich dort: Marr stellt heraus, seine Kritik an den Juden sei lediglich eine zwangsläufige Reaktion auf deren Verhalten, mit Vorurteilen oder religiöser Judenfeindschaft habe seine „Beweisführung" nichts zu tun.

[123] Diese Behauptung findet sich z.T. sogar in wissenschaftlichen Artikeln reproduziert (s. Kempf 2013): „Israelkritik wird (nicht nur) in Deutschland mit großer Regelmäßigkeit über einen Kamm geschert und als antisemitisch gebrandmarkt". Die Diskussionen um Günther Grass und um Jakob Augstein seien „dramatische Beispiele dafür". Empirisch belegt wird diese Aussage nicht.

[124] Diese ist online zugänglich (siehe: www.lexis-nexis.com) und bietet unter anderem eine Vielzahl von Tageszeitungen als Volltext an.

2012 bis Januar 2013 in regionalen und überregionalen deutschsprachigen Zeitungen erschienen. In diesem Zeitraum wurde u. a. Grass' Gedicht „Was gesagt werden muss" und die Nennung von Jakob Augstein auf der Simon-Wiesenthal Liste diskutiert. Aus den 926 Artikeln wurden im ersten Analyseschritt insgesamt 300 Artikel (5x60) als Stichprobe für die qualitative Auswertung systematisch[125] ausgewählt, um diese im zweiten Schritt hinsichtlich der Fragestellung zu untersuchen.

In den untersuchten Artikeln fand sich kein einziger Beleg für die behauptete Gleichsetzung. Es ergibt sich also ein Wert von 0,0%. Damit ist evident, dass es sich um eine Fiktion handelt. Seriöse Politiker, Publizisten, Wissenschaftler und Journalisten benutzen diese Aussage im öffentlichen Debatten-Diskurs nicht. Vielmehr handelt es sich bei dem Topos des Kritiktabus um ein Phantasiekonstrukt des antisemitischen Diskurses: Dort wird es als Schein-Evidenz persuasiv verwendet. Es stellt ein imaginiertes Tabu als Fakt dar, um sich als Opfer eines „Meinungsdiktats" zu gerieren und den eigenen Antisemitismus zu kaschieren bzw. als „Kritik" umzudeuten und damit akzeptabel zu machen.

„Kritik und Antisemitismus lassen sich nicht abgrenzen"

„Antisemitismus und Zionismus sind keine klar definierten Begriffe. Grundsätzlich kann aber jeder Staat den Begriff ‚Antisemitismus' so definieren, wie er es für richtig hält." [EB_RT_20180624]

In Kombination mit der Behauptung es gäbe ein Kritiktabu[126], findet sich eine weitere spezifische Abwehrstrategie (im Mittelwert mit 23,7%), die nicht nur im Web häufig benutzt wird, sondern auch Bestandteil des öffentlichen und massenmedialen Abwehrdiskurses ist (s. hierzu den

---

125 Es wurden je KIK-Dokument die ersten und letzten 30 Artikel ausgewählt und diese dann (auf gleiche Weise) ergänzt, wenn doch kein thematischer Bezug oder Doppelungen der Artikel bestanden.

126 Diese Verweise stehen in Widerspruch zu der (meist parallel von denselben Usern) benutzten Kommunikationsstrategie, durch Verlinkungen auf anti-israelische oder besonders kritische Narrative in den Presse-Medien die „Verkommenheit und Brutalität Israels", mittels intertextueller Verweise abzusichern und zu legitimieren (zu den Paradoxien der antisemitischen Affektlogik s. Schwarz-Friesel/Reinharz 2013, Kap. 9 sowie Schwarz-Friesel 2019). Dass sie damit dem angeblichen Tabu selbst widersprechen, wollen sie nicht wahrhaben.

Faktencheck). Sie betrifft die Abgrenzung der beiden Sprechakte Kritik und Verbal-Antisemitismus. Das Argument lautet, es sei unmöglich, diese beiden Phänomene klar voneinander abzugrenzen. Da es seit Jahren klare Unterscheidungskriterien in der Forschung gibt, liegt hier eine De-Realisierung vor. Solche Formen der Realitätsverweigerung und Faktenausblendung sind typisch für den antisemitischen Diskurs, finden sich aber z. T. auch in den Medien aufgrund eines Mangels an Kenntnis und Expertise. Da Leugnungs- und Rechtfertigungsstrategien integraler Bestandteil des antisemitischen Diskurses sind, sollte man im öffentlichen Diskurs zurückhaltender mit solchen Aussagen umgehen.

Prä- und Post-Holocaust-Bewusstsein: Dissoziationen
Das offene Eingeständnis, antisemitisch eingestellt zu sein, ist heute nicht kompatibel mit dem eigenen Selbst-Konzept eines aufgeklärten und anständigen Menschen, und es würde auch Kritik und evtl. Sanktionen hervorrufen. Schreiber, die Leugnungsstrategien benutzen, lassen somit erkennen, dass sie sich durchaus darüber im Klaren sind, dass ihre Meinungen brisant und angreifbar sind, denn ohne dieses Bewusstsein gäbe es keine Motivation für die Verwendung der genannten Strategien.

Hier ist eine höchst signifikante Dissoziation zu konstatieren: Seriöse Kritiker, die im politischen Diskurs zum Nahostkonflikt Stellung beziehen, benutzen solche Strategien nicht, so wie sie auch auf inadäquate NS-Vergleiche und Brachiallexik verzichten. Die Korpusanalysen belegen: Nur Sprachproduzenten, die Antisemitismen artikulieren, benutzen diese Selbstschutz- und Ablenkungsmanöver.

So gibt es im muslimischen Kommunikationsraum nach extremen Verwünschungen, Drohungen und Beschimpfungen zum Teil auch einige (wenige) relativierende Einschübe wie „nix gegen normale juden" [MA_YT_IiD_S3]. Solche Relativierungsstrategien sind aufgrund des Bewusstseins der sozialen Unerwünschtheit von Antisemitismus in Deutschland eingeschoben und dienen der Rechtfertigung der affektiven Hasssprache sowie der Legitimierung des aggressiven Anti-Zionismus. Wenn Muslime in bestimmten Kommentaren tatsächlich nur politische Empörung und Kritik an israelischen Aktivitäten im Web artikulieren, finden solche Camouflagestrategien entsprechend auch gar keine Anwendung.

Dies deckt sich mit den Beobachtungen zum antisemitischen Diskurs von linken und mittigen Sprachproduzenten. Im Hinterkopf ist ein Bewusstsein für die Brisanz der Äußerungen, doch das Bedürfnis, diese genauso zu artikulieren, ist größer als jedes Bedenken.

Auffällig ist der Unterschied zwischen Rechtsextremisten/Neonazis und Linksextremisten/Linken. Bei rechtsextremen Schreibern ist eine Übereinstimmung zwischen Prä- und Post-Holocaust-Bewusstsein zu sehen: Judenhass wird als legitim und normal (also ich-synton) empfunden und daher werden keine der oben genannten Strategien benutzt. Mit der linken Ideologie und der Post-Holocaust-Bewertung jedoch ist Antisemitismus nicht vereinbar (und ich-dyston). Daher substituieren viele Linke, die Antisemitismen produzieren, stets die entscheidenden Lexeme: Statt gegen Juden und Judentum wenden sie sich gegen das „Übel des Zionismus", gegen „den brutalen Usurpator- und Apartheidstaat Israel", die „verbrecherischen Zionisten"[127].

Je nach Diskursthema variiert die Verteilung der Strategien
Im Korpus Berlin Brandenburger Tor überwiegt die Strategie der Abwehr und Leugnung. Auch im Kollegah-Korpus 2017[128] spielen mit 25,81 % die Abwehr-Leugnungsstrategien eine entscheidende Rolle, die mit 22,58 % in Verbindung mit Schlussstrichforderungen verknüpft werden. Auffällig sind hierbei vor allem die Umdeutungen und Re-Klassifizierungen (wie sie im medialen Diskurs diskutiert werden): Hier lautet die Argumentation, Antisemitismus sei im Rap lediglich eine Provokation, die der Kunstform inhärent sei. Dadurch werden die expliziten Antisemitismen und ihr Beeinflussungspotenzial trivialisiert und legitimiert. Im Gaza-Korpus 2014 sind Rechtfertigungen mit 42,43 % und Legitimierung mit 32,89 % besonders verbreitet, während z. B. Schlussstrichforderungen mit lediglich 2,96 % benutzt werden. Im Korpus „Judenhass in Deutschland" ist hingegen die Schlussstrichforderung mit 52,49 % die dominante Argumentationsform. Im Schuster-2015-Korpus sind Abwehrstrategien in Bezug auf

---

127 Siehe hierzu z. B. Kommentare in einschlägigen Blogs und Foren sowie auf Facebook und in linken Kommentarbereichen (sozialistische Zeitung, Junge Welt) und linksextremen Publikationsorganen wie Die rote Fahne.

128 Stichproben-Analysen in Kommentarbereichen zu Kollegah und Farid Bang 2018 ließen ähnliche Argumentationsmuster erkennen.

Antisemitismus (25,42%) vorherrschend, die stets in Verbindung mit Legitimierungsstrategien (40,68%) auftreten. 8,47% Rechtfertigungsstrategien mit Schuldzuweisungen (ISRAEL IST SCHULD AM ANTISEMITISMUS) sind in diesem Korpus, das keinerlei thematischen Bezug zum Nahostkonflikt hat, auffällig und ein Indiz für die kollektive Gleichsetzung jüdischer und israelischer Belange.

Insgesamt zeigt die Analyse der Argumentationsformen[129] im Web 2.0, dass trotz aller Rigidität und Uniformität bei der Anwendung der Strategien kontextuell spezifische Anpassungen je nach Intention und je nach Diskursthema vorgenommen werden, die sich u.a. in der Lexik der Umbenennungen widerspiegeln: Bei Rap-Songs/Gangsta-Rap führt die Anwendung der Umdeutungsstrategie zur Klassifikation von Antisemitismen als „Kunstfreiheit" und „Provokation", bei israelbezogenen Kommentaren zu „politischer Kritik" und bei den das Judentum betreffenden Themen zu „Meinungsfreiheit" und „moralischer Notwendigkeit".

---

[129] Durchgeführt wurde zum Gaza-2014-Korpus auch eine Sequenzanalyse, die untersucht hat, wie die User auf Kommentare mit antisemitischen Inhalten anderer reagieren. Von 690 Kommentaren, die in den untersuchten Sequenzen enthalten sind, liegen bei 290 antisemitische Äußerungen vor. Der Anteil an Gegenrede als Reaktion auf Antisemitismen liegt bei 215 Kommentaren. Das Ziel der Gegenrede, ein Umdenken oder eine Rücknahme der antisemitischen Kommentare zu erreichen, oder zumindest Umdenken oder Zweifel zu evozieren, wurde in den untersuchten Sequenzen jedoch nicht gesehen. Stattdessen kam es in den Antworten zur insistierenden Bekräftigung der antisemitischen Aussagen. Dies entspricht den Ergebnissen zur Faktenresistenz und konzeptuellen Geschlossenheit des antisemitischen Denkens und Fühlens.

9. Fazit: Die Büchse der digitalen Pandora ist weit geöffnet

Weltweit nimmt die Artikulation und Verbreitung von Antisemitismen über das Web 2.0 zu. Diese Entwicklung in der virtuellen Welt korreliert in der realen Welt mit judenfeindlichen Übergriffen und Attacken, Drohungen und Beleidigungen. Reale und virtuelle Welt lassen sich nicht voneinander trennen, da die umfassende Digitalisierung der Welt alle Lebensbereiche er- und umfasst.

Antisemitismen sind in den letzten zehn Jahren in den sozialen Medien nicht nur stark angestiegen; es hat auch eine semantische Radikalisierung stattgefunden. Judenfeindliches Gedankengut wird mit hoher Affektmobilisierung in den wesentlichen Kommunikationsbereichen des World Wide Web verbreitet. Dabei ist der klassische Anti-Judaismus mit seinen Stereotypen vorherrschend und prägt alle Antisemitismen, auch und besonders die israelbezogene Judenfeindschaft. Schnelle Zugänglichkeit, problemlose Verbreitung und Omnipräsenz von Judenfeindschaft sind charakteristisch für weite Teile der Webkommunikation 2.0, die durch multimodale Kodierungen (Texte, Bilder, Filme, Songs) das Sag-, Hör- und Sichtbarkeitsfeld für Antisemitismen signifikant vergrößert hat. Zugleich zeigt sich bei der Analyse der Netzkommunikation eine starke Tendenz der Abwehr, Leugnung, Umdeutung und Marginalisierung des aktuellen Judenhasses. Dies ist problematisch, da solche Ablenkungsstrategien auch im nicht digitalen Kommunikationsraum Anwendung finden und einer effektiven Antisemitismusbekämpfung im Wege stehen.

Das Chamäleon „Judenhass" erweist sich als kulturelle Konstante und kollektiver Gefühlswert mit sehr langem Atem: Das Jahrhunderte alte Weltdeutungs- und Glaubenssystem, das sich gegen die Existenz von Juden und Judentum richtet, passt sich jeder aktuellen Gelegenheit an, ohne seine konzeptuelle Grundstruktur und seinen Hass zu verlieren. Der Zivilisationsbruch des Holocausts hat Teile der Gesellschaft in Bezug auf judenfeindliches Gedankengut nicht geläutert, seine Thematisierung nicht flächendeckend sensibilisiert für die Gefahren von dämonisierenden Sprachgebrauchsmustern. Mit dem Web 2.0 hat die nahezu grenzenlose Verbreitung judenfeindlichen Gedankengutes allein quantitativ ein Ausmaß erreicht, das es nie zuvor gab. Aufgrund der hohen Relevanz der Netzpartizipation und seiner informationssteuernden, meinungsbildenden und identitätsstiftenden Funktion beschleunigt und verstärkt die Hassartikulation im Internet Akzeptanz und Normalisierung von Judenfeindschaft in der gesamten Gesellschaft.

Im digitalen Zeitalter strömt der alte Judenhass in neuen Informationsprozessen ungefiltert in das kollektive Bewusstsein des 21. Jahrhunderts.

10. Wissenschaftlicher Faktencheck:
Tatsachen versus Meinungen

In den letzten Jahren hat man sich wiederholt gefragt, warum trotz aller Bemühungen und Aufklärungsarbeit sowie einer sorgfältig gepflegten Erinnerungskultur noch immer und nun auch noch immer mehr Antisemitismen zu sehen und zu hören sind. Warum haben all die bisherigen Anstrengungen nicht viel gebracht? Weil sie in Ansätzen und Denkparadigmen lokalisiert sind, die der Bekämpfung des Phänomens nicht angemessen sind. So ist z. B. die Verortung von Judenhass in der allgemeinen Vorurteilsforschung und gruppenbezogenen Menschenfeindlichkeit kontraproduktiv. Dieser Ansatz steht heute angesichts der Ausbreitung judenfeindlicher Aktivitäten vor einer kritischen Überprüfung (auch wenn dies flächendeckend noch nicht wahrgenommen werden will).

Antisemitismusdebatten im öffentlichen Diskurs werden zu einem großen Teil von Falsch-Konzeptualisierungen und Pseudo-Argumenten bestimmt, die einer umfassenden Sensibilisierung für die Gefahren von Antisemitismus und wirkungsvollen Maßnahmen im Kampf gegen die Verbreitung antisemitischen Gedankenguts im Wege stehen. Eine zu enge Definition von Antisemitismus sowie die Ausblendung des weit verbreiteten israelbezogenen Judenhasses und die gebetsmühlenartige Wiederholung von Plattitüden, die der Wirklichkeit nicht nahe kommen, führt dabei zu fatalen Entlastungsbeurteilungen von antisemitischen Äußerungen und Karikaturen in medialen Diskussionen und auch zu gravierenden Fehlurteilen in Gerichtsprozessen (s. z. B. das Urteil im Ditfurth-Elsässer-Prozess, bei der die Richter eine unzulängliche, da zu enge Definition von Antisemitismus angesetzt hatten). Die Debatten um das anti-israelische Gedicht von Grass mit seinem Klischee von der „Gefahr des Weltfriedens durch Israel" (die Antisemiten schon seit Jahrzehnten beschwören) sowie um die israelfeindlichen Texte von Augstein, die mit Äußerungen wie „Wenn Jerusalem anruft, beugt sich Berlin dessen Willen" Verschwörungsphantasien und mit „Ultraorthodoxe…Sie folgen dem Gesetz der Rache" das bekannte Stereotyp der ‚jüdischen Rachsucht' aktivieren, haben gezeigt, wie fatal Signale der Leugnung und Relativierung sind. Den „alternativen Fakten" und „Fake News", die zum Thema Antisemitismus kursieren, setzt daher dieser Faktencheck Ergebnisse der empirischen Antisemitismusforschung entgegen. Es werden die am häufigsten im öffentlichen Kommunikationsraum produzierten Floskelsätze ohne Wahrheitsgehalt angeführt und dann mit der Realität konfrontiert.

„Viraler Antisemitismus ist vor allem als historisches Phänomen (bezogen auf die NS-Zeit) zu sehen und heute nur noch als Randgruppenphänomen von Neonazis und Rechtsextremen der Gesellschaft gefährlich."

Fakt: Virulenter Judenhass ist auch heute ein ernsthaftes Problem der gesamten Gesellschaft. Auch linksextreme Antisemiten sind gewaltbereit. Das Festhalten am Prototyp ‚rassistischer NS-Antisemitismus' verdeckt zudem den Blick auf 2000 Jahre Judenfeindschaft, die im eliminatorischen Rassenwahn der Nationalsozialisten kulminierte. Hass auf Juden hatte sich vor 1933 bereits über Jahrhunderte hinweg tradiert und muss als die dunkle Seite des viel beschworenen Abendlandes gesehen werden.

„Die Gefahr kommt vor allem von rechts./Rechter und rechtspopulistischer Antisemitismus ist verantwortlich für Anstieg von Straftaten und Hasssprache."

Fakt: Primär-Multiplikatoren im Internet sind nicht Extremisten, sondern die ganz normalen Alltagsuser. Deshalb ist der Antisemitismus auch „sicht- und hörbarer" geworden. Der vulgär-aggressive Antisemitismus von Rechten wird staatlich beobachtet, gesellschaftlich sanktioniert und von der Mehrheit der deutschen Bevölkerung abgelehnt. Die linke und mittige Judenfeindschaft ist für das Klima in der Zivilgesellschaft gefährlicher, da sie zum Teil aufgrund ihrer Umwegkommunikation nicht sofort erkannt, oft geleugnet oder sogar akzeptiert und vehement als „Meinungsfreiheit" verteidigt wird. Ihre Gesellschaftskompatibilität, ihre Salonfähigkeit ermöglicht die Ausbreitung und Normalisierung des Alltagsantisemitismus, während der rechtsradikale und rechtspopulistische Judenhass bekämpft werden. Es besteht aber eine Zurückhaltung insbesondere bei politischen Funktionsträgern, den linken und muslimischen Antisemitismus mit der gleichen Deutlichkeit anzusprechen und zu verurteilen. Diese Zurückhaltung steht einer flächendeckenden Bekämpfung von Judenhass im Wege.

„Antisemitismus ist Rassismus."

Fakt: Dies ist nur in Teilen des rechten Judenhasses korrekt. Neonazis und Rechtsradikale weisen eine Symbiose von rassistischen und judenfeindlichen Weltbildern auf, aber Muslime und Linke sowie liberale Alltagsantisemiten nicht. Linke Antisemiten engagieren sich sogar oft besonders gegen Rassismus und Xenophobie, zeigen uneingeschränkte Toleranz für alle ethnischen Minderheiten und sozialen Minoritäten, verfallen aber in Bezug auf den jüdischen Staat Israel in eine obsessive Intoleranz, die genährt wird von dem kruden Feindbild ‚Israel als Unterdrücker', welches letztendlich auf dem alten judenfeindlichen Ressentiment fußt. Es gibt Antisemiten, die sich bei Amnesty International engagieren und für Völkerverständigung eintreten. Insbesondere die sogenannten Friedensaktivisten proklamieren, im Interesse des Weltfriedens zu agieren. Betrachtet man aber ihre Äußerungen in Bezug auf Israel, fallen die für Antisemitismen so typischen Textbausteine und Argumente auf und verraten die judenfeindliche Gesinnung trotz aller Camouflage der „Ehrbarkeit und des Humanismus".

„Antisemitismus ist eine Form der Fremdenfeindlichkeit / ist Xenophobie / ist Fremdenhass."

Fakt: Wie oft wird in Schlagzeilen und Appellen gegen Judenfeindschaft gerade diese unzulässige und irreführende Zuordnung vorgenommen. Gut gemeint werden hier Phänomene in eine Sammelkategorie gezwängt, in die Antisemitismus nicht gehört.

Juden waren und sind keine Fremden. Es sind Deutsche jüdischen Glaubens, die seit langem integriert, oft kaum als jüdisch identifizierbar, in Deutschland leben, Tür an Tür mit nicht jüdischen Deutschen. An ihnen ist nichts Besorgnis erregendes, Xenophobie auslösendes. Sie erzeugen keine Furcht vor Anschlägen, Messerattacken oder sonstigen gefährlichen Aktionen. Sie werden abstrakt gehasst, nur weil sie Juden sind, weil dieser kulturell-kollektive Hass Bestandteil des kollektiven Gedächtnisses ist. Das Glaubenssystem des Antisemitismus ist einmalig in der Geschichte und hat mit Vorurteilen nicht viel gemeinsam. Auch in der NS-Zeit waren es die Nachbarn, die Freunde, die Familienangehörigen, die Ärzte, Handwerker und Kommilitonen, die Händler, Schauspieler und Künstler, die Menschen von nebenan, die in den Tod abgeholt wurden. Die von den

Deutschen beklagte „Verjudung" wurde gerade deshalb angeführt, weil deutsche Juden so vollauf integriert waren (s. hierzu auch ausführlich Nirenberg 2013). Ohne Ansehen der Person, ohne Rücksicht auf den enormen Schaden, den die deutsche Gesellschaft nahm, als sie Mitglieder ihres sozialen, kulturellen und wirtschaftlichen Lebens aus der Mitte des Landes rissen, wurde die Auslöschung betrieben, weil man ein Phantasma ausradieren wollte.

Auch heute richtet sich der Antisemitismus auf das abstrakte Konzept JUDE. Das ‚Fremde' ist dabei nur im Kopf. Dies ist also in keiner Weise mit einer Fremdenfeindlichkeit zu vergleichen, die sich auf Unbekanntes, Neues, Ungewohntes bezieht.

„Antisemitismus ist ein Vorurteilssystem innerhalb der gruppenbezogenen Menschenfeindlichkeit / Wir können daher aus dem Holocaust Lehren ziehen für den Umgang mit anderen Minderheiten / Heute sehen wir ähnliche Ausgrenzungsstrategien in Bezug auf Muslime / Gestern die Juden, heute die Muslime."

Fakt: Die Unikalität der Verbrechen im Holocaust und ihrer Motive dient nicht als Grundlage für komparative Analysen, sprich um Gemeinsamkeiten aufzudecken. Antisemitismus ist als kulturelles Phänomen nicht mit den sozial gesteuerten Vorurteilen gegenüber Minoritäten zu vergleichen, denn dies nivelliert seine besonderen Charakteristika und relativiert bzw. verzerrt, was im Holocaust geschehen ist (s. auch den Absatz zu Xenophobie). Vorurteile entstehen über induktive Übergeneralisierungen: Aufgrund einzelner Merkmale oder Handlungen von Vertretern einer Gruppe wird auf die gesamte Gruppe geschlossen, es entsteht z. B. das ungerechtfertigte Vorurteil gegenüber allen Muslimen, sie seien alle gewalttätig und intolerant, weil einige Muslime im Namen ihrer Religion islamistische Gewalttaten begehen oder Frauen und Homosexuelle diskriminieren. Auch wirft man der religiösen Gruppe kollektiv ihren Mangel an Integrationswillen vor, weil einige Islamisten Scharia praktizieren wollen und sich nicht an das deutsche Grundgesetz halten wollen. (s. hierzu auch Allport 1971: 23), demzufolge Vorurteile „auf einer fehlerhaften und starren Verallgemeinerung" basieren (vgl. auch Stangor/Lange 1994).

Ganz anders ist es bei Judenfeindschaft: Hier gab und gibt es keine Übergeneralisierungen, sondern die Phantasmen beruhen allein auf Konstrukten, die auf Juden projiziert werden. Dadurch erweisen sich die

Stereotype auch als resistent gegenüber empirischen Fakten. Ihre Falsifizierbarkeit erscheint geradezu unmöglich. Die antisemitischen Stereotype beruhen nicht auf Primär-, sondern auf Sekundärerfahrungen, d. h. konkrete Lebenserfahrung mit Juden liegt in der Regel bei Antisemiten gar nicht vor. Vielmehr beziehen diese ihre „Informationen" über klischeebelastete Diskurse oder Texte, die von Generation zu Generation tradiert werden (s. Adornos „das Gerücht über die Juden"). Es gab z. B. nachweislich nie einen einzigen Fall des Blutkultes, dennoch wird dies seit dem 11. Jahrhundert Juden angedichtet. Es gab auch nie eine Verschwörungsallianz von Juden, die Welt zu beherrschen, dennoch glauben Millionen von Menschen unerschütterlich an diese Phantasie. Und die Nationalsozialisten haben Juden nicht etwa verfolgt und ermordet, weil sie in Deutschland nicht erfolgreich genug lebten oder schädlich im Lande agierten, sondern im Gegenteil, weil sie dem Wahn verfallen waren, Juden seien zu erfolgreich und so im deutschen Leben verwurzelt, dass man sie „zum Guten der Menschheit" ausrotten müsste (s. hierzu Kap. 2, s. ausführlich Poliakov 1956, Bauer 2002 und Friedländer 2006).

Die Analogie zwischen Judenhass und Islamophobie ist also historisch falsch und aktuell unbrauchbar, da sie auf einem heterogenen Vergleich ohne Tertium comparationis beruht. Sie ist weder erkenntnisfördernd noch didaktisch benutzbar, sondern marginalisiert zum einen das Ausmaß des Holocausts und versperrt zum anderen den Blick auf die Unikalität des antisemitischen Ressentiments (s. hierzu ausführlich Schwarz-Friesel/Friesel 2012).

„Bildung schützt garantiert vor Antisemitismus/Antisemitismus findet sich vor allem in bildungsfernen Gruppen."

Fakt: Auch hoch gebildete Personen können Antisemiten sein und/oder trotz des Wissens um die Gefahren einer Hassrhetorik Antisemitismen in die Gesellschaft tragen. Die lange Geistes- und Kulturgeschichte zeigt, wie der Topos vom ‚unwürdigen, schmutzigen Judentum' von bedeutenden und berühmten Denkern und Dichtern tradiert wurde (s. auch den nächsten Punkt). Die E-Mails und Briefe an den Zentralrat der Juden in Deutschland und die Israelische Botschaft in Berlin belegen, wie heute auch Akademiker antisemitische Stereotype artikulieren, sich aber vehement gegen den Vorwurf des Judenhasses wehren, obgleich ihre Texte klar dessen Kriterien erkennen lassen. In einigen amerikanischen Universitäten ist ein Campus-Antisemitismus zu verzeichnen. Und BDS (Boycott, Divestment, Sanctions), die in der Tradition des Nazi-Slogans „Wehrt euch, kauft nicht bei Juden" agiert und den jüdischen Staat diskreditieren, isolieren und schließlich auflösen will, findet durchaus auch Akademiker und Intellektuelle als Anhänger bzw. Befürworter. So verteidigt die Gender-Theoretikerin und Professorin Judith Butler seit Jahren BDS als Organisation „für mehr soziale Gerechtigkeit" und sah selbst in den Terrororganisationen Hamas und Hizbullah „soziale, progressive Bewegungen". Deutlicher kann kaum zum Ausdruck gebracht werden, dass auch eine hoch entwickelte Bildung nicht immer vor De-Realisierungen schützt.

„Antisemitismus hat die Mitte erreicht."
Fakt: Judenfeindschaft kam immer aus der Mitte. Die Geschichte des Abendlandes zeigt, wie hoch gebildete Persönlichkeiten Judenhass artikuliert, teils durch religiöse, künstlerische oder politische Pamphlete und Reden verbreitet (u. a. Luther, Stöcker, Wagner, de Lagarde) oder in philosophischen Schriften (u. a. Voltaire, Fichte, Hegel) oder Romanen (u. a. Dickens, Wilde, Raabe, Freytag, Fontane) kodiert haben. Nach 1945 verschwand das Ressentiment nicht automatisch, sondern zog sich in seinen Artikulationsformen lediglich in den privaten Bereich zurück. In der Mitte werden antisemitische Äußerungen heute wieder offener kommuniziert. Ein neues antisemitisches Selbstbewusstsein ist erkennbar.

„Antisemitismus geht mit einer anti-modernen Einstellung einher und weist eine enge Beziehung zum Autoritarismus auf."
Fakt: Diese Aussage geht auf eine Abhandlung von Adorno zurück, in der er das Phänomen des Faschismus erklärt und die Anhänger totalitärer Regime und Gesellschaftsformen entsprechend charakterisiert. Auf die aktuelle Judenfeindschaft kann man aber diese Charakterisierung nicht einfach übertragen, da dies nur bei Rechten und Rechtsextremen zutrifft. Auch liberale und linke, sehr progressive Personen können Antisemiten sein. Ihre weltoffene, demokratische Einstellung und ihre flächendeckende Toleranz für alle Idiosynkrasien von Minderheiten weist nur in einem Punkt eine eklatante Intoleranz auf: in Bezug auf Judentum und Israel. Mit Anti-Moderne und Autoritätsgläubigkeit hat das wenig zu tun. Die Aus-

sage marginalisiert insgesamt das Phänomen des Antisemitismus, da hiermit der Eindruck vermittelt wird, nur rückwärtsgewandte, nationalistische, demokratiefeindliche Personen seien Antisemiten. Antisemiten jedweder politischen und ideologischen Richtung sind aber beeinflusst von den Denk- und Gefühlskategorien des kulturellen Ressentiments, das sich durch intensive persönliche Gefühle und abstrakte Denkprozesse auszeichnet (nicht etwa umgekehrt; s. Affektlogik). Ihr Glauben basiert auf dem Abstraktum JUDE. Sie glauben, ohne zu wissen. Sie fühlen, ohne zu denken.

„Der klassische Antisemitismus ist auf dem Rückzug / ist eingedämmt."
Fakt: Das Gegenteil ist der Fall. Die Aussage bezieht sich auf Umfragen, die in der Regel mit vier bis sechs Sätzen von den Befragten hören wollen, ob sie diesen zustimmen oder nicht. „Sind Juden geldgierig? (Ja, nein, ich weiß nicht)". So gewinnt man aber weder einen authentischen Einblick in den Einstellungsantisemitismus noch in seine natürlichen Kommunikationsformen. Im Internet zeigt sich, dass der klassische Judenhass die Basis der meisten Antisemitismen ist, weil in dieser Kommunikation Einflussfaktoren wie soziale Erwünschtheit und politische Korrektheit nicht beachtet werden. Hier wird natürlich, ehrlich und unaufgefordert getextet, hier zeigt sich unbeobachtet das wahre, unverschleierte Gesicht des Judenhasses. Alle Korpora-Analysen der letzten zehn Jahre belegen: Die Stereotype des alten Anti-Judaismus leben in den Köpfen fort und stellen das Fundament für alle gängigen Antisemitismen. Dies betrifft nicht nur den deutschsprachigen Raum, sondern ist ein globales Phänomen.

„Antisemitismus und politisch legitime Kritik an Israel werden gleichgesetzt / Es gibt ein Kritik-Tabu in Bezug auf Israel / Es gibt einen inflationären Gebrauch des Begriffs ‚Antisemitismus' / Die Antisemitismuskeule wird geschwungen, wenn es um Israel geht."
Fakt: In Kombination miteinander werden immer wieder auch diese Behauptungen reproduziert. Doch es gibt keinerlei Evidenz dafür. Eine Korpusanalyse mittels der Lexis-Nexis-Datenbank belegt vielmehr, dass im öffentlichen Diskurs von seriöser Seite nie behauptet wird, *Kritik an Israel sei mit Antisemitismus gleichzusetzen*. In keinem der 300 untersuchten Artikel aus einem Korpus von 900 medialen Texten zu Grass- und Augstein-Debatten wurde ein einziger Beleg gefunden, in dem ein Wissen-

schaftler oder Politiker Kritik an Israel mit Antisemitismus gleichsetzt. Mit 0,0% erweist sich somit dieser Vorwurf als ein Phantasma. Anzutreffen sind solche Aussagen ausschließlich im antisemitischen Leugnungsdiskurs. Auffällig oft wird dort zur Abwehr das Argument, dass eine Gleichsetzung bestünde, vorweggenommen (ohne je direkte Quellen zu nennen, da es diese ja nicht gibt). In zugespitzter Form finden sich in diesem Zusammenhang auch häufig Aussagen wie:

„Jeder Kritiker Israels muss damit rechnen, als Antisemit beschimpft zu werden / Man muss ein klares Wort sagen dürfen, ohne als Israel-Feind denunziert zu werden."

Fakt: Auch dies ist ein Phantasma. Auch hier zeigen die Daten ein klares Bild: Noch nie hat eine seriöse Person in der Öffentlichkeit Kritik an israelischen Handlungen als antisemitisch bezeichnet, denn seriöse Kritiker haben es nicht nötig, Antisemitismen zu kodieren oder Abwehrstrategien zu verwenden. Es handelt sich also bei dieser Behauptung um „alternative Fakten" des antisemitischen Diskurses.

„Aufgrund der Vergangenheit sind Deutsche zögerlich in Bezug auf kritische Äußerungen gegenüber Israels Politik."

Fakt: Die Aussage ist falsch. Kaum ein Land wird so oft und so scharf kritisiert wie Israel, wie medienwissenschaftliche Untersuchungen und korpusanalytische Stichproben seit Jahren belegen (s. u. a. Beyer 2016). Bei keinem Konflikt kritisieren und argumentieren die Deutschen so leidenschaftlich und zeigen dabei allzu oft einen Entlastungsantisemitismus. Solche Aussagen dienen allein der Instrumentalisierung zur Legitimierung von Abwehrprozessen. In vielen linken Medien ist zudem ein antiisraelisches Narrativ zu erkennen: Schwarz-Weiß-Schilderungen vom Nahostkonflikt mit Israelis in der plakativen Rolle der Aggressoren ist vielfach zu konstatieren. Versuche, dieses allzu klischeehafte Bild aufzubrechen und dessen Potenzial für die Aktivierung judenfeindlichen Gedankenguts aufzuzeigen, scheitern oft am Widerstand der Programmverantwortlichen (zuletzt zu beobachten beim Film „Auserwählt und ausgegrenzt" im WDR). Insgesamt sind deutlich mehr israelkritische Berichte und Dokumentationen zu verzeichnen als israel-neutrale oder positive Schilderungen. Zudem enthalten Israelberichte auffällig oft monokausale Erklärungen sowie pauschale Opfer-Täter-Festlegungen zu Ungunsten Israels. Von einer Zurückhaltung kann also keine Rede sein.

„Der muslimische Antisemitismus ist importiert."
Fakt: Muslimische Judenfeindschaft ist kein neuzeitliches Phänomen, sondern zeigt sich bereits in bestimmten Suren, in denen Juden als Schweine und Affen verunglimpft werden. Im Laufe der wechselseitigen Geschichte von Juden, Christen und Muslimen haben Muslime dann auch schon früh christliche Muster der Verachtung und Ausgrenzung übernommen, um Juden zu stigmatisieren (s. hierzu insbesondere Nirenberg 2002, der anhand zahlreicher Quellen belegt, wie im Mittelalter Muslime verachtende und dämonisierende Texte über Juden verfassten). Den aktuellen Judenhass unter Muslimen als von Flüchtlingen „importiert" zu deklarieren, relativiert zum einen den Antisemitismus in der Gesamtgesellschaft, und blendet zum anderen aus, dass wir seit langem ein weltweites Problem mit islamischem Antisemitismus haben (s. hierzu auch den aktuellen Aufruf gegen islamischen Judenhass in Frankreich). Dass in den letzten Jahren viele der Flüchtlinge, die nach Deutschland gekommen sind, aus Ländern stammen, in denen Israelhass Staatsdoktrin ist, intensiviert das Problem. Hier benötigen wir aber noch detaillierte Langzeitstudien. Als empirisch falsch erweist sich durch unsere Studie die viel zitierte Aussage, der Nahostkonflikt sei die primäre Ursache für muslimischen Antisemitismus. De facto basiert dieser Hass genauso auf den klassischen Zerrbildern wie alle anderen Varianten der Judenfeindschaft.

„Der Nahost-Konflikt ist die Ursache für Israelhass."
Fakt: Medienberichte zum Konflikt sind zunächst lediglich ein Auslöser für antisemitische und israelfeindliche Äußerungen. Basis für Israelhass ist der klassische Judenhass. Die anti-israelischen Narrative in vielen Massenmedien können aber israelfeindliche Gefühle anfachen und haben das Potenzial, darüber hinaus judenfeindliches Gedankengut zu aktivieren.

„Es ist schwierig, antisemitischen Anti-Israelismus von Kritik abzugrenzen / Es gibt Grauzonen / Es fehlt Forschung."
Fakt: Beide Sprechakte sind klar abgrenzbar (s. Sprache der Judenfeindschaft im 21. Jahrhundert, Kap. 7). Die sprach- und kommunikations-

orientierte Forschung hat anhand präziser Kriterien und Dekonstruktionsarbeit aufgezeigt, wie sich diese sehr unterschiedlichen verbalen Handlungen voneinander unterscheiden lassen: Israelbezogener Antisemitismus weist die klassischen Kriterien der Abgrenzung, Stereotypfixierung und Entwertung auf. In diesen zeigt sich die für den Judenhass konstitutive De-Realisierung durch Dämonisierung, Dehumanisierung, Delegitimierung und den unikalen Fokus (Doppelstandard) in Bezug auf Israel (s. auch hier im Buch Kap. 5). Von Grauzonen und Problemen bei der Zuordnung kann also nicht die Rede sein.

Auch die Behauptung, es fehle noch an Forschung und man müsse noch mehr in Erfahrung bringen, wie, wo, von wem, auf welche Weise sich Antisemitismus heute zeigt, ist eine De-Realisierung. Wir haben hinreichend Datenanalysen, Klassifikationsansätze, Erklärungsmuster, um gezielt gegen modernen Judenhass vorzugehen. Behauptungen wie die oben angeführten aber schieben diesen Kampf in eine unbestimmte Zukunft.

Was ist jetzt zu tun?
Zurück und in die Zukunft

Handlungsempfehlungen aus der Wissenschaft können keine Patentrezepte sein, ihre Anwendung hängt zudem von vielen Faktoren ab, die entscheiden, ob in einer Gesellschaft der Wille und die Voraussetzungen dafür gegeben sind. Doch ein Appell sollte nicht verhallen: Nicht weiter so! Die bisherigen Bemühungen haben den Judenhass nicht eingedämmt, und mit dem Internet ist nun zusätzlich mitten in der Gesellschaft die Kommunikationsplattform für die Verbreitung antisemitischen Gedankenguts vorhanden, die das Potenzial hat, den Hass intensiver und unkontrollierter denn je in die Zukunft zu tragen.

So mag es zunächst verblüffen, wenn ich betone, wie wichtig bei der Aufklärungsarbeit und der Bekämpfung des aktuellen Antisemitismus vor allem der Blick zurück in die Geschichte ist. Denn ohne das Wissen um die kulturhistorische Verankerung von Judenhass und dessen Berücksichtigung bei Gegenmaßnahmen bleiben alle Versuche oberflächlich und wirkungslos. Weil sie nicht die Wurzel erfassen, weil sie nur die Symptome zu behandeln versuchen, ohne den Grund, ohne die Ursache zu erklären und zu bewältigen.

Hierfür muss Deutschland bereit sein, lieb gewonnene Geschichtsbilder und als wertvoll erachtete Kulturerrungenschaften einer kritischen Reflexion zu unterziehen. Das verklärte Bild des christlichen Abendlandes muss endlich realistisch zurechtgerückt werden. Dies involviert die Akzeptanz der Genese von Judenfeindschaft: Judenhass kam nicht aus der Luft, kam nicht als ein willkürlicher Trieb von gewaltbereiten, primitiven Menschen, traf nicht zufällig die Juden und auch nicht, weil sie etwas taten oder nicht taten. Die Verdammnis des Judentums und seine Negativ-Bestimmung, die bis heute das Schicksal des gesamten jüdischen Volkes bestimmt, ging einher mit der Entwicklung und Ausbreitung des Christentums, das sich unter allen Umständen von seiner Ursprungsreligion lösen wollte. Aus

Jeschua ben Joseph, dem gläubigen Juden, der sein Volk liebte, wurde kurzerhand „Jesus von Nazareth", der Christ, aus den jüdischen Thora-Schriften das „alte Testament", aus dem jüdischen Israel das christliche „Verus Israel". Warum die Juden? Weil Jesus, der Verkünder der urchristlichen Lehren, untrennbar verbunden mit dem Judentum, seinem Gottesglauben und seinen Gesetzen, der auf der Basis der jüdischen Religion die Grundlagen für einen neuen Zugang zum Menschsein legte, Jude war, und weil die, welche nach ihm das Christentum zur Weltreligion auf- und ausbauten, weder seine gepredigte Toleranz noch seine Botschaft von Liebe und Barmherzigkeit leben konnten oder wollten, sondern stattdessen in Wut und Hass gegenüber ihren eigenen Wurzeln verfielen, die sie in glühender Intoleranz beseitigen und verdammen wollten. Die dunkle Seite des viel beschworenen christlichen Abendlandes ist die zunächst religiöse, und dann säkulare, allumfassende Verurteilung des Judentums. Mit den vielen unzweifelhaft positiven Wertentwicklungen kam ein abgrundtiefer Un-Wert in die Welt: Judenhass.

Es reicht also nicht aus, Kindern und Jugendlichen zu vermitteln, was im Holocaust geschehen ist. Sonst bleibt immer nur das rudimentäre Bild hängen, Juden seien zwischen 1933 und 1945 Opfer eines rassistischen, fanatischen Gewaltregimes geworden. Man muss erklären, warum es so passieren konnte, warum es gerade die Juden waren, die mit so viel Hass als Volk ausgelöscht werden sollten, und wie lang der Atem der abendländischen Differenzkonstruktion in ein manichäistisches Gut und Böse / Richtig und Falsch dabei wirkte, um begreifbar zu machen, warum es zu diesen Gräueltaten kam. Nur so wird fassbar, dass Juden nicht als Juden verantwortlich, dass nicht einzelne Ereignisse oder Herrschaftsverhältnisse verantwortlich für Feindschaft und Ressentiment waren, sondern ein komplexer historischer Prozess, der als Abspaltung zweier Religionen begann und sich dann zu einem weltumspannenden Denk- und Gefühlsparadigma verdichtete, dessen Auswirkungen bis heute walten.

Äußerungen wie „Die Deutschen stellen sich ihrer Geschichte, aus der sie ihre Lehren gezogen haben" entsprechen einem Wunschdenken, einer gern gehegten Illusion, die mit der Realität nicht unbedingt flächendeckend übereinstimmt. Machen wir uns immer wieder klar, dass die moderne

Verurteilung von Antisemitismus erst einige wenige Jahrzehnte alt ist und einem kollektiven Wissen gegenübersteht, das 20 Jahrhunderte Judenfeindschaft als integralen Bestandteil der Welt- und Werteordnung archiviert. Zweitausend Jahre Kulturgeschichte gegen wenige Jahre Aufklärungsarbeit. Und diese Aufklärungsarbeit muss gefühlt werden: Nur kognitive Lernprozesse, die menschliches Leid betreffen, erfordern Empathie, um zu wirken, sie brauchen die Verankerung in der emotionalen Möglichkeit, Mit-Gefühl zu entwickeln.

Gehen wir aus dem Zurück in die Gegenwart. Auch hier stehen Aufarbeitungsprozesse an, die eingeschliffene Muster tangieren. Der Antisemitismus muss – angesichts seiner Genese – heraus aus der allgemeinen Vorurteilsforschung und als Ressentiment, als kulturelle Kategorie erklärt und bekämpft werden.

Einfach wird das nicht. Die kognitionswissenschaftliche Forschung zeigt, dass der menschliche Geist schnell Denk- und Klassifikationsbahnen aufbaut, und dann bevorzugt auf bekannte, fixierte Schemata zurückgreift, in die Erfahrungen routiniert eingeordnet werden. Und er ist eher träge, wenn es diese zu verändern gilt. Zudem glaubt der menschliche Kognitionsapparat vor allem, was er glauben will. Die deutsche Haltung in Bezug auf Vergangenheitsbewältigung und Antisemitismusbekämpfung muss aber nun heraus aus ihrer Ecke und sich der Realität stellen.

Dazu gehört aktuell: Ein Ende der Floskelkultur. Die zur bloßen Routine erstarrten Gedenk- und Mahnreden, die turnusmäßig seit Jahren mit fast exakt dem gleichen Wortlaut geschwungen werden, müssen aufgebrochen werden, um Bewegung und Handlung auszulösen. Verkrustete Plattitüden und habitualisierte Denk-, Klassifikations- und Sprachgebrauchsmuster müssen aufgegeben, die Zurückhaltung im Umgang mit bestimmten Formen des Antisemitismus überwunden werden. „Null Toleranz!" tönt es fortwährend aus der Politik. Ja, aber dann bitte null Toleranz gegenüber allen Manifestationen von Judenfeindschaft! Wenn die Gewaltbereitschaft von Neonazis und Rechtsradikalen benannt wird, darf das hohe Aggressionspotential des muslimisch-islamistischen Antisemitismus nicht verschwiegen werden. Wer die Holocaustrelativierung und die nationalistisch geprägte Abwehr der Erinnerungskultur von Rechtspopulisten anprangert, muss gleichermaßen vehement die obsessive und surreale Hass- und Feindbildrhetorik von Linken im israelbezogenen Judenhass kritisieren, muss aufklären, was hinter BDS-Kampagnen, die das alte „Kauft nicht beim Juden" modern tradieren, steht. Der anti-israelische Antisemitismus erfährt national wie international nicht die breite Ablehnung, die benötigt wird, um diesem zunehmenden Judenhass effektiv begegnen zu können. Wenn etwa Brandanschläge auf Synagogen oder Attacken auf Kippa tragende Juden als „Zeichen gegen den Krieg" oder „politische Empörung", aber nicht als antisemitisch bewertet werden, dann hat die Justiz ein Klassifikations- und Definitionsproblem mit aktuellem Antisemitismus, das der Zivilgesellschaft falsche und fatale Impulse gibt. Dadurch wird nämlich der israelbezogene Judenhass zum ‚politisch korrekten Antisemitismus', wird Israelhass politisch begründet und gerechtfertigt. Doppelstandard in Bezug auf die Verurteilungen von Antisemitismen ist einer der Gründe, warum es bislang keine flächendeckenden Maßnahmen gibt. Wie soll man effektiv Judenhass bekämpfen, wenn rechter und linker sowie muslimischer Antisemitismus mit zweierlei Maß gemessen werden?

Die Debatte um alle Formen von Judenfeindschaft muss – ohne Ausnahme – offener und rationaler geführt werden, ohne überzogene politische Korrektheit, ohne falsche Rücksichtnahme oder aus Sorge um soziale Reaktionen – und auch ohne Ansehen der Person. Wer wirklich etwas gegen Judenhass unternehmen möchte, der muss sich auch mit seinesgleichen anlegen, der darf konfliktäre Kommunikation und Kritik nicht scheuen, der darf die Augen nicht nach dem Prinzip „Eyes wide shut" schließen. Bislang aber ist die Antisemitismusbekämpfung geprägt von Bequemlichkeit und von Ignoranz. Beides ist tödlich – für Juden und für die Zukunft unserer Demokratie. Unabhängig von Interessen und Rücksichtsnahmen muss die Bekämpfung auch international vonstattengehen.

Wenn toleriert oder gar noch applaudiert oder auch nur geschwiegen wird, wenn im EU-Parlament bekannte judeophobe Stereotype artikuliert, wenn Staatspräsidenten wirklichkeitsfern mit Brachialpejorativa gegen Israel wüten, wenn führende Politiker den jüdischen Staat als „Kolonial- und Unrechtstaat" diffamieren, ohne dass diese Antisemitismen mit aller Entschlossenheit zurück gewiesen werden, dann hat die internationale Politik ein Glaubwürdigkeitsproblem. Es reicht nicht, die Neonazis und Islamisten und BDS-Aktivisten auf der Straße zu kritisieren. Man muss auch den Blick nach oben, auf die Bühne der internationalen Politik werfen und dort entschieden eingreifen. Wer aus diplomatischer Zurückhaltung und realpolitischen Überlegungen heraus schweigt, trägt passiv zur Erstarkung und Tolerierung von Judenhass mit bei.

Wahre Aufklärung ist am Ende immer schonungslos und unbequem und tut weh. Aber die Verpflichtung, die sich aus der Erinnerung ergibt, und die in der Gegenwart die Zukunft gestaltet, hat keinen anderen Weg. Die hier vorgelegten Forschungsergebnisse zeigen, dass die Vergangenheit unsere Gegenwart massiv durchdringt und dass sie die Zukunft Deutschlands und Europas weiterhin prägen wird, wenn Politik, Medien, Forschung und Zivilgesellschaft die modernen Formen des Antisemitismus weiterhin dulden und nicht endlich allumfassend bekämpfen werden.

„Nichts gehört der Vergangenheit an. Alles ist Gegenwart und kann wieder Zukunft werden."

(Fritz Bauer)

Danksagung

Ich danke der Deutschen Forschungsgemeinschaft (DFG), dass sie das Projekt „Antisemitismen im World Wide Web" von 2014 bis 2019 gefördert hat.

Dem Zentralrat der Juden in Deutschland sowie der Israelischen Botschaft in Berlin gebührt Dank für die Bereitstellung und Übermittlung der E-Mails. Damit haben beide Institutionen die Forschungsarbeit sehr unterstützt. Danken möchte ich auch der Redaktion von meta.tagesschau.de, die dem Forschungsprojekt über 4000 gelöschte, nicht veröffentlichte Kommentare für Analysen zur Verfügung stellte.

Herzlich danken möchte ich (in alphabetischer Reihenfolge) den großartigen Mitarbeiterinnen und Mitarbeitern des DFG-Projekts, die hervorragende Arbeit geleistet haben bei der Datenerhebung und den Korpusanalysen: Julian Gerlach, Lisa Johanne Jacobs, Rocío Rocha-Dietz, Markus Weiß (der auch das Manuskript mit lektoriert hat) und Michael Zambrano. Sebastian Lohmeier hat den Crawler konzipiert, 2015 haben sich Lea Schulteisz und Matthias Becker um die Crawler-Daten gekümmert. Vorarbeiten von MAXQDA-Kodierungen zu den Subkorpora „Gaza", „Schuster" und „Kollegah" haben Linda Giesel und Hagen Troschke vorgenommen.

Irina Slot hat russische Facebook-Texte gespeichert und übersetzt. Franziska Kleine, Miett Xylander und vor allem Maria Fritzsche gaben Hinweise zur Verständlichkeit des Buchtextes.

Ich danke meiner Schwester Marie-Luise für ihre nie endende Geduld beim Zuhören.

Mein Mann Evyatar (Sigi) Friesel hat wertvolle Hilfe geleistet beim Speichern und Sortieren von Datenmaterial und mir als Historiker sowie als Experte für moderne jüdische Geschichte fortwährend unschätzbare Hinweise gegeben.

Seine Liebe hat mich über den Hass getragen.

Anhang

Katalogisierung der Subkorpora und Zitierweise der Belege

Um die Zitierweise der aufgeführten Belege einheitlich und übersichtlich gestalten zu können sowie die Identifizierbarkeit/Auffindbarkeit im Gesamtkorpus zu gewährleisten, wurden die Kommentare mit Siglen der Art [MT_21072014_4_11:45] versehen. Die jeweils ersten Zeichen bis zum ersten Unterstrich stehen für eines der Subkorpora oder Belegsammlungen und die weiteren Angaben weisen auf den jeweils genauen Speicherort hin (Ordner, Dokument, Seite, Textstelle, etc).

Als weitere Datensammlungen dienten außerdem die Subkorpora aus den Jahren 2007 (Kommentare aus den Online-Medien zur Oettinger-Filbinger-Affäre), 2009 (Kommentare zur Gaza-Krise um die Militäroperation „Gegossenes Blei") sowie 2010 (Kommentare zu Charlotte Knobloch).

Übersicht der Subkorpora-Kürzel

Folgend werden die verwendeten Kürzel der Subkorpora und Belegsammlungen aufgeführt. Diese Kürzel kommen bei den Quellenangaben und in Tabellen zum Einsatz.

Subkorpus-Sigle/Kürzel	Vollständige Korpus-Bezeichnung (ggf. mit Kurzbeschreibung)
BBT	BBT 2017: Kommentare im Kontext der Beleuchtung des Brandenburger Tors mit der israelischen Nationalflagge im Januar 2017 als Solidaritätsbekundung mit den Opfern des Terroranschlags in Jerusalem.
BS	Beschneidung 2012: Kommentare im Kontext der Beschneidungsdebatte 2012.
BTK	BTK 2018: Kommentare zur Aktion „Berlin trägt Kippa".
DAF	DAF 2014: „Demo zum Aufruf gegen Antisemitismus".
EB	Belegsammlung einschlägiger Einzelbelege.
Gabriel	Gabriel 2017 (GN): Kommentare im Zusammenhang mit Gabriels Besuch in Israel.
GAZA	GAZA 2014 (G2014): Mit Hilfe des Crawlers zusammengestellt

ANHANG

JID	JID 2014: Kommentare zu einem Artikel mit dem Titel „Judenhass in Deutschland".
JSF	JSF 2017: Kommentare zur Berichterstattung über einen antisemitischen Vorfall in einer Schule in Friedenau und zu einem ebenfalls in den Medien veröffentlichten Elternbrief aus dieser Schule.
KIK	Kritik und Antisemitismus Korpus (KIK): Suchanfragen in der Lexis-Nexis-Datenbank nach den Begriffen Israel-Kritik und Antisemitismus oder Antisemitismus, Israel und Kritik.
Kollegah	Kollegah 2017: Kommentare aus den Monaten Januar und Februar 2017 die im Kontext der Absage des Auftritts von Kollegah beim Hessentag und den Antisemitismusvorwürfen, die diese Entscheidung begründet haben, artikuliert wurden.
MA	MA 2007–18: Korpus zur Untersuchung von Merkmalen der antisemitischen Äußerungen von Verfassern mit muslimisch-/arabisch-/türkischem Hintergrund.
MT	Meta-Tagesschau 2014 (META): nicht veröffentlichte Kommentare.
MTFB	Meta-Tagesschau 2014 (META): auf der Facebook-Seite der Tagesschau veröffentlichte Kommentare.
MTO	Meta-Tagesschau 2014 (META): veröffentlichte Kommentare.
NWJ	NWJ 2014: Kommentare zur Aktion „Nie wieder Judenhass".
PSW	Belegsammlung aus dem Fan-Forum Project Star Wars (www.projektstarwars.de).
RT	RT-dt 2017: Kommentare auf der Facebook-Seite von RT deutsch im Kontext der angedachten Benennung eines ICE-Zuges mit dem Namen „Anne Frank" und die damit verbundene Reaktion der Anne-Frank-Stiftung in Amsterdam.
Schuster	Schuster 2015: Kommentare im Kontext der Äußerungen von Josef Schuster im November 2015.
UF	Belegsammlung aus dem United Forum (www.united-forum.de).
W	Belege aus der Verarbeitung der Rohdatensammlung von 2013–2018.
ZU	Belegsammlung der Untersuchung zur Zugänglichkeit von Antisemitismen im Web 2.0.
Weitere Abkürzungen	
FB	Facebook
IBD	Israelische Botschaft in Berlin
TW	Twitter
YT	Youtube
ZJD	Zentralrat der Juden in Deutschland

Korpus	Plattform	Medium	Kommentare gesamt	kodierte Komm.	Anzahl AS Komm.	AS in %
2007 Filbinger	Webseiten	Qualitätsmedien	1318	1318	99	7,51%
2009 Gegossenes Blei	Webseiten	Qualitätsmedien	900	380	56	14,74%
2010 Knobloch	Webseiten	Qualitätsmedien	198	198	34	17,17%
2012 Beschneidung	FB, YT, Webseiten	Qualitätsmedien	6430	1119	261	23,32%
2014 DAF	Facebook	Bild	712	712	265	37,21%
2014 GAZA	FB, YT, Webseiten	Qualitätsmedien	22200	2166	491	22,67%
2014 Meta-Tagesschau	FB, Webseiten	Qualitätsmedien	6301	6301	3002	47,64%
2014 NWJ	Webseiten	Bild	3600	1080	413	38,22%
2014/18 TW NWJ/BTK	Twitter	diverse	242	242	72	29,75%
2014 JID	FB	Bild	1067	1067	304	28,50%
2015 Schuster	Webseiten	Qualitätsmedien	977	354	59	16,67%
2017 BBT	Webseiten	Qualitätsmedien	4903	1046	137	13,10%
2017 Gabriel	FB, Webseiten	Qualitätsmedien	1950	994	300	30,18%
2017 JSF	Webseiten	Qualitätsmedien	1420	380	73	19,10%
2017 Kollegah	YT, Webseiten	Qualitätsmedien	3418	461	59	12,80%
2017 RT-dt	Facebook	RT Deutsch	283	283	182	64,30%
2017 TW-GN	Twitter	diverse	1102	1102	213	24,43%
2018 BTK	Facebook	Qualitätsmedien	1433	1433	219	15,28%
2018 MA	Facebook, YT	diverse	2101	954	418	42,98%
Gesamt			**60555**	**21590**	**6657**	

Tabelle 12: Gesamtübersicht der analysierten Korpora 2007–2018

Literaturverzeichnis

ADORNO, T.W., 1997. Zur Bekämpfung des Antisemitismus heute. In: TIEDEMANN, R. (Hrsg.), 2003. Gesammelte Schriften, Volume 10.2. Frankfurt a. M.: Suhrkamp, 361–383.

ADORNO, T.W./HORKHEIMER, M., 1944. Dialektik der Aufklärung. Philosophische Fragmente. Frankfurt a. M.: Fischer.

AMADEU ANTONIO STIFTUNG, 2017. Meme: Die Kunst des Remix. Bildsprache politischer Netzkultur. Online verfügbar unter: https://www.amadeu-antonio-stiftung.de/w/files/pdfs/meme-internet.pdf (zuletzt geprüft am: 20.02.2019).

ARNOLD, S., 2016. Das unsichtbare Vorurteil. Antisemitismusdiskurse in der US-amerikanischen Linken nach 9/11. Hamburg: Hamburger Edition.

ANTI-DEFAMATION LEAGUE, 2018. Audit of Anti-Semitic Incidents. United States of America. Online verfügbar unter: https://www.adl.org/media/11174/download (zuletzt geprüft am: 20.02.2019).

BAUER, J., 2001. Rethinking the Holocaust. New Haven: Yale University Press.

BECKER, M., 2017. Analogien der „Vergangenheitsbewältigung". Projektionen von historischen Verbrechen auf Israel in Leserkommentaren der Zeit und des Guardian. Dissertation. TU Berlin: Fachgebiet Linguistik / bei Nomos publiziert.

BEYER, R., 2016. Mit deutschem Blick. Israelkritische Berichterstattung über den Nahostkonflikt in der bundesrepublikanischen Qualitätspresse. Bremen: edition lumière.

BRAUNE, H., 2008. Charakteristika des aktuellen verbalen Antisemitismus. Textlinguistische Analysen von Leserbriefen aus den Jahren 2002 bis 2004 zu den Affären um Möllemann, Friedman und Wolffsohn. Dissertation. FSU Jena.

BRODER, H., 2005. Der ewige Antisemit. Über Sinn und Funktion eines beständigen Gefühls. Berlin: Berlin Verlag.

CIOMPI, L., 2002. Gefühle, Affekte, Affektlogik. Ihr Stellenwert in unserem Menschen- und Weltverständnis. (= Wiener Vorlesungen im Rathaus. Band 89). Wien: Picus.

CHUNYAN KANG, X./GUO, T., 2018. Brain electrophysiological responses to emotion nouns versus emotionless nouns. In: Journal of Neurolinguistics, Volume 49, 144–154. Online verfügbar unter: https://doi.org/10.1016/j.jneuroling.2018.10.003 (zuletzt geprüft am: 20.02.2019).

COHEN-ALMAGOR, R., 2015. Confronting the Internet's Dark Side: Moral and Social Responsibility on the Free Highway. New York: Cambridge University Press.

FOXMAN, A./WOLF, C., 2013. Viral Hate: Containing Its Spread on the Internet. New York: Palgrave Macmillan.

FRA - EUROPEAN UNION AGENCY FOR FUNDAMENTAL RIGHTS (Hrsg.), 2013. Diskriminierung und Hasskriminalität gegenüber Juden in den EU-Mitgliedstaaten: Erfahrungen und Wahrnehmungen im Zusammenhang mit Antisemitismus. Luxemburg: Amt für

Veröffentlichungen der Europäischen Union. Online verfügbar unter: http://fra.europa.eu/sites/default/files/fra-2013-discrimination-hate-crime-against-jews-eu-member-states_de.pdf (zuletzt geprüft am: 04.07.2018).

Friedmann, R., 2018. The Neuroscience of Hate Speech. In: The New York Times. Online verfügbar unter: https://www.nytimes.com/2018/10/31/opinion/caravan-hate-speech-bowers-sayoc.html (zuletzt geprüft am: 04.12.2019).

Friesel, E., 2011. On the Complexities of Modern Jewish Identity: Contemporary Jews against Israel. In: Israel Affairs. Vol. 17, No. 4, 504–519.

Friesel, E., 2013. Juden-Hass gestern und heute: Ein historischer Blick auf 130 Jahre judeophobische Feindseligkeit. In: Meibauer, J. (Hrsg.), 2013. Hassrede/Hate Speech. Interdisziplinäre Beiträge zu einer aktuellen Diskussion. Gießen: Linguistische Untersuchungen, 17–27.

Friesel, E., 2015. Jüdische Akademiker gegen Israel. In: Schwarz-Friesel, M. (Hrsg.), Gebildeter Antisemitismus. Eine Herausforderung für Politik und Zivilgesellschaft. Baden Baden: Nomos, 173–186.

Gerlach, J., in Arbeit. Anonymousnews.ru – zensurfreier Antisemitismus? Analyse der Artikel und Kommentarbereiche auf anonymousnews.ru und vk.com. Dissertation. TU Berlin: Institut für Sprache und Kommunikation.

Giesel, L., 2017. NS-Vergleiche und NS-Metaphern im öffentlichen Kommunikationsraum sowie in E-Mails an die Israelische Botschaft und den Zentralrat der Juden in Deutschland – Korpuslinguistische Perspektiven auf konzeptuelle, strukturelle und funktionale Charakteristika. Dissertation. TU Berlin: Fachgebiet Linguistik.

Glöckner, O., 2015. Moralische Sieger? Linksintellektuelle „Israelkritik" zwischen Provokation, Demagogie und Antisemitismus, In: Schwarz-Friesel, M. (Hrsg.), Gebildeter Antisemitismus. Eine Herausforderung für Politik und Zivilgesellschaft. Berlin: Nomos, 75–92.

Glöckner, O./Jikeli, G., (Hrsg.), in Arbeit. Das neue Unbehagen. Antisemitismus in Europa heute. Hildesheim: Olms.

Glucksmann, A., 2005. Hass. Die Rückkehr einer elementaren Gewalt. München, Wien (frz. Fassung: Le discourse de la haine. Paris 2004).

Grözinger, E., 2003. Die schöne Jüdin. Klischees, Mythen und Vorurteile über Juden in der Literatur. Berlin: Philo Verlagsgesellschaft.

Grözinger, K. E., 1999. Erstes Bild: Die „Gottesmörder". In: Schoeps, J. H./Schlör, J. (Hrsg.), 1999. Antisemitismus. Vorurteile und Mythen. München: Piper, 57–66.

Hegener, W., 2006. Antisemitismus – Judentum – Psychoanalyse. Einleitung. In: Hegener, W. (Hrsg.), 2006. Das unmögliche Erbe. Antisemitismus, Judentum, Psychoanalyse. Gießen: Psychosozial-Verlag, 7–22.

Heil, J., 2006. „Gottesfeinde" – „Menschenfeinde". Die Vorstellung von jüdischer Weltverschwörung (13.–16. Jahrhundert). Essen: Klartext-Verlag.

Heilbronn, C./Rabinovici, D./Sznaider, N. (Hrsg.), 2019. Neuer Antisemitismus? Fortsetzung einer globalen Debatte. Frankfurt a. M.: Suhrkamp.

Hortzitz, N., 2005. Die Sprache der Judenfeindschaft in der frühen Neuzeit (1450–1700). Untersuchungen zu

Wortschatz, Text und Argumentation. Heidelberg: Winter (= Sprache – Literatur und Geschichte 28).

IGANSKI, P./SWEIRY, A., 2018. Hate Crime. In: The Cambridge Handbook of Social Problems, Vol. 2. Cambridge: Cambridge University Press, 399–409.

IONESCU, D., 2018. Artikulationsformen des Antisemitismus in der deutschen Kontroverse um religiöse Beschneidungen von Jungen. Dissertationsschrift an der TU Berlin: Institut für Sprache und Kommunikation und Zentrum für Antisemitismusforschung / bei Nomos erschienen.

JIKELI, G., 2015. European Muslim Antisemitism: Why Young Urban Males Say They Don't Like Jews (Studies in Antisemitism). Indiana: Indiana University Press.

JIKELI, G., 2015. Muslimischer Antisemitismus. In: SCHWARZ-FRIESEL, M. (Hrsg.), 2015. Gebildeter Antisemitismus. Eine Herausforderung für Politik und Zivilgesellschaft. Baden-Baden: Nomos, 187–216.

KAHNEMAN, D., 2012. Thinking, Fast and Slow. London: Penguin.

KÜNTZEL, M., 2018. Islamic antisemitism: How it originated and spread - About the meaning of the booklet „Islam and Jewry" and the Bludan Congress of September 1937. In: Antisemitism Studies 2.2., 2018. Bloomington: Indiana University Press.

LANDESAMT FÜR VERFASSUNGSSCHUTZ HESSEN (Hrsg.), 2017. „… und diese Gerüchte stammen nicht von irgendwelchen Nazis!". Eine Studie zu Erscheinungsformen und ideologischen Hintergründen antisemitischer Agitation in den sozialen Netzwerken. Wiesbaden. Online verfügbar unter: https://lfv.hessen.de/sites/lfv.hessen.de/files/content-downloads/PAAF_Analysen%20IN%20ALLER%20K%C3%9CRZE%20Ausgabe%201.pdf (zuletzt geprüft am: 04.07.2018).

LANGE, A. ET AL., 2018. An End to Antisemitism! A catalogue of policies to combat antisemitism. Vienna: European Jewish Congress, 2018. Online verfügbar unter: https://anendtoantisemitism.univie.ac.at/fileadmin/user_upload/p_anendtoantisemitism/PDF/Catalogue_FINAL_webversion_complete.pdf (zuletzt geprüft am: 20.02.2019).

LAQUEUR, W., 2006. The Changing Face of Anti-Semitism: From Ancient Times to the Present Day. Oxford: Oxford University Press.

NEWMAN, N./FLETCHER, R./LEVY, D. A. L./ NIELSEN, R. K., 2016. Digital News Report. Reuters Institute for the Study of Journalism.

NEWMAN, N./FLETCHER, R./KALOGEROPOULOS, A./LEVY, D. A. L/NIELSEN, R. K., 2017. Digital News Report. Reuters Institute for the Study of Journalism.

NIRENBERG, D., 2002. What Can Medieval Spain teach us about Muslim-Jewish Relations? In: CCAR Journal, 2002, 17–36.

NIRENBERG, D., 2013. Anti-Judaism. The Western Tradition. New York: Norton.

OBOLER, A., 2014. The antisemitic Meme of the Jew. Caulfield South: Online Hate Prevention Institute. Online verfügbar unter: http://cilvektiesibas.org.lv/site/record/docs/2015/02/25/Andre-Oboler-The-Antisemitic-Meme-of-the-Jew.pdf (zuletzt geprüft am: 20.02.2019).

OBOLER, A., 2016. Measuring the Hate: The State of Antisemitism in Social Media. Caulfield South: Online Hate Prevention Institute. Online verfügbar unter: http://ohpi.org.au/measuring-antisemitism/ (zuletzt geprüft am: 20.02.2019).

Parkes, J., 1963. Antisemitism. Chicago: Quadrangle Books.

Pew Research Center, 2015. Latest Trends in Religious Restrictions and Hostilities. Online verfügbar unter: http://assets.pewresearch.org/wp-content/uploads/sites/11/2015/02/Restrictions2015_fullReport.pdf (zuletzt geprüft am: 04.07.2018).

Pfahl-Traughber, A., 2002a. »Bausteine« einer Theorie über »Verschwörungstheorien«. Definitionen, Erscheinungsformen, Funktionen und Ursachen, In: Reinalter, H. (Hrsg.): Verschwörungstheorien. Theorie, Geschichte, Wirkung. Innsbruck: Studien Verlag, 30–44.

Pfahl-Traughber, A., 2002b. Antisemitismus in der deutschen Geschichte. Opladen: Leske und Budrich; VS Verlag für Sozialwissenschaften.

Poliakov, L., 1956. Harvest of hate: The Nazi Program for the Destruction of the Jews of Europe. London: Elek Books.

Porat, D., 2013. The International Working Definition of Antisemitism and Its Detractors. Online verfügbar unter: https://www.osservatorioantisemitismo.it/wp-content/uploads/2013/03/kantorcenter_dporat_definition_of_antisemitism.pdf (zuletzt geprüft am: 20.02.2019).

Rathje, J., 2019. „Money rules the world, but who rules the money?" Antisemitism in post-Holocaust Conspiracy Ideologies. Online verfügbar unter: https://anendtoantisemitism.univie.ac.at/fileadmin/user_upload/p_anendtoantisemitism/Articles/Article_INT_Rathje.pdf (zuletzt geprüft am: 20.02.2019).

Recherche und Informationsstelle Antisemitismus Berlin (RIAS), 2017. Antisemitische Vorfälle 2017. Berlin. Online verfügbar: https://report-antisemitism.de/media/bericht-antisemitischer-vorfaelle-2017.pdf (zuletzt geprüft am: 25.06.2018).

Rensmann, L., 2004. Demokratie und Judenbild. Antisemitismus in der politischen Kultur der Bundesrepublik Deutschland. Wiesbaden: Verlag für Sozialwissenschaften.

Rensmann, L., 2015. Zion als Chiffre. Modernisierter Antisemitismus in aktuellen Diskursen der deutschen politischen Öffentlichkeit. In: Schwarz-Friesel, M. (Hrsg.), 2015. Gebildeter Antisemitismus. Eine Herausforderung für Politik und Zivilgesellschaft. Baden-Baden: Nomos, 93–116.

Rieger, D./Frischlich, L./Bente, G., 2013. Propaganda 2.0: Psychological Effects of Right-Wing and Islamic Extremist Internet Videos. Köln: Luchterhand.

Rose, E. M., 2015. The Murder of William of Norwich. Oxford: Oxford University Press.

Rosenfeld, A. H., 2013. Resurgent Antisemitism: Global Perspectives (Studies in Antisemitism). Indiana: Indiana University Press.

Salzborn, S., 2010. Halbierte Empathie – Antisemitische Schuldprojektion und die Angst vor der eigenen Vergangenheit. In: Schwarz-Friesel, M./Friesel, E./Reinharz, J. (Hrsg.), 2010. Aktueller Antisemitismus in Deutschland. Ein Phänomen der Mitte. Berlin, New York: de Gruyter, 51–72.

Salzborn, S., 2015. Repression oder Bildung? In: Schwarz-Friesel, M.

(Hrsg.), 2015. Gebildeter Antisemitismus. Eine Herausforderung für Politik und Zivilgesellschaft. Baden-Baden: Nomos, 275–292.

SARTRE, J. P., 1948. Betrachtungen zur Judenfrage. Psychoanalyse des Antisemitismus. Zürich: Europa.

SCHAPIRA, E./HAFNER, G. M., 2010. Die Wahrheit unter Beschuss – der Nahostkonflikt und die Medien. In: SCHWARZ-FRIESEL, M./FRIESEL, E./ REINHARZ, J (Hrsg.), 2010. Aktueller Antisemitismus – ein Phänomen der Mitte. Berlin: de Gruyter, 115–131.

SCHAPIRA, E./HAFNER, G. M., 2015. Israel ist an allem schuld: Warum der Judenstaat so gehasst wird. Köln: Bastei Lübbe.

SCHOEPS, J. H./SCHLÖR, J. (Hrsg.), 1999. Antisemitismus. Vorurteile und Mythen. München: Piper.

SCHWARZ-FRIESEL, M./FRIESEL, E./REINHARZ, J. (Hrsg.), 2010. Aktueller Antisemitismus in Deutschland. Ein Phänomen der Mitte. Berlin, New York: de Gruyter.

SCHWARZ-FRIESEL, M./FRIESEL, E. 2012a. „Gestern die Juden, heute die Muslime…"? – Von den Gefahren falscher Analogien. In: BOTSCH, G./GLÖCKNER, O./KOPKE, C./SPIEKER, M. (Hrsg.), 2012. Islamophobie und Antisemitismus – ein umstrittener Vergleich. Berlin, Boston: de Gruyter (= Europäisch-jüdische Studien. Kontroversen 1), 29–50.

SCHWARZ-FRIESEL, M., 2012b. „Dies ist kein Hassbrief – sondern meine eigene Meinung über Euch!" – Zur kognitiven und emotionalen Basis der aktuellen antisemitischen Hass-Rede. In: MEIBAUER, J. (Hrsg.), 2012. Hassrede/Hate Speech: Interdisziplinäre Beiträge zu einer aktuellen Diskussion. Linguistische Untersuchungen. Gießener elektronische Bibliothek, 149–170.

SCHWARZ-FRIESEL, M./REINHARZ, J., 2013. Die Sprache der Judenfeindschaft im 21. Jahrhundert. Berlin u. a.: de Gruyter (= Europäisch-jüdische Studien – Beiträge 7).

SCHWARZ-FRIESEL, M., 2013a. Explizite und implizite Formen des Verbal-Antisemitismus in aktuellen Texten der regionalen und überregionalen Presse (2002–2010) und ihr Einfluss auf den alltäglichen Sprachgebrauch. In: NAGEL, M./ZIMMERMANN, M. (Hrsg.), 2013. Judenfeindschaft und Antisemitismus in der deutschen Presse über fünf Jahrhunderte. Erscheinungsformen, Rezeption, Debatte und Gegenwehr. Bd. 2. Bremen: edition lumière (= Die jüdische Presse – Kommunikationsgeschichte im Europäischen Raum, Bd. 15; Presse und Geschichte – Neue Beiträge, Bd. 74), 993–1008.

SCHWARZ-FRIESEL, M., 2013b. „Juden sind zum Töten da" (studivz.net, 2008) Hass via Internet – Zugänglichkeit und Verbreitung von Antisemitismen im World Wide Web. In: MARX, K./ SCHWARZ-FRIESEL, M. (Hrsg.), 2013. Sprache und Kommunikation im technischen Zeitalter. Wieviel Internet (v)erträgt unsere Gesellschaft?. Berlin: de Gruyter Saur, 213–236.

SCHWARZ-FRIESEL, M., 2014. Im Internet lassen die User alle Hemmungen fallen. ARD. Online verfügbar unter: http://www.ard.de/home/themenwoche/_Im_Internet_lassen_die_User_alle_Hemmungen_fallen_/1369370/index.html (zuletzt geprüft am: 10.07.2018).

SCHWARZ-FRIESEL, M., 2015a. Antisemitismus-Leugnung: diskursive Strategien der Abwehr und die emotionale

Dimension von aktueller Judenfeindschaft. In: SCHWARZ-FRIESEL, M. (Hrsg.), 2015. Gebildeter Antisemitismus. Eine Herausforderung für Politik und Zivilgesellschaft. Baden-Baden: Nomos, 293–312.

SCHWARZ-FRIESEL, M., 2015b. Gebildeter Antisemitismus, seine kulturelle Verankerung und historische Kontinuität: Semper idem cum mutatione. In: SCHWARZ-FRIESEL, M. (Hrsg.), 2015. Gebildeter Antisemitismus. Eine Herausforderung für Politik und Zivilgesellschaft. Baden-Baden: Nomos, 13–34.

SCHWARZ-FRIESEL, M. (Hrsg.), 2015c. Gebildeter Antisemitismus. Eine Herausforderung für Politik und Zivilgesellschaft. Baden-Baden: Nomos.

SCHWARZ-FRIESEL, M., 2015d. Aktueller Antisemitismus. Konzeptuelle und verbale Charakteristika. Online verfügbar unter: www.bpb.de/politik/extremismus/antisemitismus/211516/aktueller-antisemitismus (zuletzt geprüft am: 04.07.2018).

SCHWARZ-FRIESEL, M., 2015e. Educated Anti-Semitism in the Middle of German Society. Empirical Findings. In: FIREBERG, H./GLÖCKNER, O. (Hrsg.), 2015. Being Jewish in 21st-Century Germany. Oldenbourg: de Gruyter, 165–187.

SCHWARZ-FRIESEL, M., 2015f. Rechts, links oder Mitte? Zur semantischen, formalen und argumentativen Homogenität aktueller Verbal-Antisemitismen. In: RAUSCHENBERGER, K./KONITZER, W. (Hrsg.), 2015. Antisemitismus und andere Feindseligkeiten. Interaktionen von Ressentiments. Frankfurt, New York: Campus Verlag, 175–192.

SCHWARZ-FRIESEL, M., 2016a. Antisemitismus an Universitäten: die lange Tradition gebildeter Judenfeindschaft. In: news. Gender, Politik, Universität. 2016, 1, TU Berlin, S. 22f. Online verfügbar unter: http://www.audiatur-online.ch/2016/06/16/antisemitismus-an-universitaeten-die-lange-tradition-gebildeter-judenfeindschaft/ (zuletzt geprüft am: 04.07.2018).

SCHWARZ-FRIESEL, M., 2016b. „Destroy Israel: Jews are the Evil of the World!" (E-Mail to the Israeli Embassy in Berlin) – Manifestations of Contemporary Antisemitism (Speech on Antisemitism at the ICCA, Bundestag Berlin, 14.3.2016). In: Aschkenasim 2016, 5, 12–15.

SCHWARZ-FRIESEL, M./REINHARZ, J., 2017. Inside the Antisemitic Mind. The Language of Jew-Hatred in Contemporary Germany. Boston: University Press of New England.

SCHWARZ-FRIESEL, M., 2017. Literarischer Antisemitismus: Judenfeindschaft als kultureller Gefühlswert. In: Compass, Online-Extra Nr. 263. Online verfügbar: www.compass-infodienst.de/Monika-Schwarz-Friesel-Literarischer-Antisemitismus.16219.0.html (zuletzt geprüft am: 10.07.2018).

SCHWARZ-FRIESEL, M., 2018. Antisemitism 2.0. Jew hatred in the World Wide Web. Vortrag auf dem Wiener Weltkongress „An end to Antisemitism" in Wien, Februar 2018. Im Druck.

SCHWARZ-FRIESEL, M. 2019. Hass als kultureller Gefühlswert: das emotionale Fundament des aktuellen Antisemitismus. In: GLÖCKNER, O./JIKELI, G. (Hrsg.), in Arbeit. Das neue Unbehagen. Antisemitismus in Europa heute. Berlin.

SHAINKMAN, M. (Hrsg.), 2018. Antisemitism Today and Tomorrow: Global Perspectives on the Many Faces of Contemporary Antisemitism. Boston: Academic Studies Press (Antisemitism Studies).

SIMMEL, E., 2002 (1946) (Hrsg.): Antisemitismus. Frankfurt a. M.: Fischer.

SIMON, M., 1996. Verus Israel. A Study of the Relations between Christians and Jews in the Roman Empire (AD 135–425). Oxford: Littman.

SORAL, W./BILEWICZ, M./WINIEWSKI, M., 2018. Exposure to hate speech increases prejudice through desensitization. In: Aggressive Behavior. 44, 136–146. Online verfügbar unter: https://doi.org/10.1002/ab.21737 (zuletzt geprüft am: 20.02.2019).

STAV, A., 1999. Peace. The Arabian caricature. A study of anti-semitic imagery. New York: Gefen.

STENDER, W., 2015. Der Pegida-Antisemitismus. In: BRODEN, A. (Hrsg.), 2015. Schwerpunkt: Antisemitismus. Düsseldorf: Zeitschrift des Informations- und Dokumentationszentrums für Antirassismusarbeit in Nordrhein-Westfalen (2), 5–9. Online verfügbar unter: https://fs.hs-hannover.de/fileadmin/media/doc/f5/personen/Stender_Wolfram/Ueberblick_2_15.pdf (zuletzt geprüft am: 04.07.2018)

TRACHTENBERG, J., 1943. The Devil and the Jews. The Medieval Conception of the Jew and its Relation to Modern Antisemitism. New Haven: Yale University Press.

WEBMAN, E., 2010. The Challenge of Assessing Arab/Islamic Antisemitism. In: Middle Eastern Studies 46:5, 677–697.

WEITZMAN, M., 2001. The Internet is Our Sword: Aspects of Online Antisemitism. In: ROTH, J. K./MAXWELL-MEYNARD, E., 2001. Remembering for the Future: The Holocaust in an Age of Genocide. New York: Palgrave, 925–991.

WISTRICH, R. S., 1992. Antisemitism: The longest hatred. London: Thames Mandarin.

WISTRICH, R. S., 2010. A Lethal Obsession: Antisemitism from Antiquity to the Global Jihad. New York: Random House.

WISTRICH, R. S., 2011. Muslimischer Antisemitismus. Berlin: edition critic.

ZAPPAVIGNA, M., 2012. Discourse of Twitter and Social Media: How We Use Language to Create Affiliation on the Web. London: Bloomsbury.

ZICK, A./HÖVERMANN, A./JENSEN, S./BERNSTEIN, J., 2017. Jüdische Perspektiven auf Antisemitismus in Deutschland. Ein Studienbericht für den Expertenrat Antisemitismus. Bielefeld. Online verfügbar unter: https://uni-bielefeld.de/ikg/daten/JuPe_Bericht_April2017.pdf (zuletzt geprüft am: 04.07.2018).

Impressum

Die Deutsche Nationalbibliothek verzeichnet diese Publikation in der Deutschen Nationalbibliografie; detaillierte Daten sind im Internet über https://portal.dnb.de/ abrufbar.

© 2019 Hentrich & Hentrich Verlag Berlin Leipzig
Inh. Dr. Nora Pester
Haus des Buches
Gerichtsweg 28
04103 Leipzig
info@hentrichhentrich.de
http://www.hentrichhentrich.de

Umschlagfoto: rawpixel.com/Shutterstock.com
Gestaltung: Gudrun Hommers
Druck: Winterwork, Borsdorf

1. Auflage 2019
Alle Rechte vorbehalten
Printed in Germany
ISBN 978-3-95565-328-6